Felicidad. Colección de 2 libros en 1

Vida minimalista

Simplifique su vida, reduzca el estrés y aumente su felicidad a través del minimalismo

Índice

Regalo incluido 5
Descargo de responsabilidad 6
Sobre el autor 7
Descripción del libro 8
Capítulo 1: Lo que se obtiene de vivir una vida minimalista 9
Capítulo 2: El minimalismo y la búsqueda de la felicidad 16
Capítulo 3: El minimalismo como contra- consumismo 25
Capítulo 4: Dejar ir y seguir adelante 48
Capítulo 5: Minimalismo y libertad financiera 59
Capítulo 6: Minimalismo y Desclasificación 67
Conclusión 74
Consciencia plena 76
DESCRIPCIÓN DEL LIBRO 77
REGALO INCLUIDO 79
SOBRE EL AUTOR 80
DESCARGO DE RESPONSABILIDAD 81
INTRODUCCIÓN 82
¿QUÉ ES LA CONSCIENCIA PLENA? 84
CÓMO RECUPERAR EL ENFOQUE Y LA CONCENTRACIÓN 93
GESTIONAR LA IRA Y EL DOLOR 104
LIDIAR CON EL ESTRÉS Y LA PREOCUPACIÓN 118
PROMOVER LA COMPASIÓN Y LA PAZ 122
SEIS HÁBITOS QUE CULTIVAR 129
CONCLUSIÓN 135

Regalo incluido

Si usted es un emprendedor, un aspirante a emprendedor, alguien que está tratando de crear un flujo de ingresos adicional, o incluso alguien a quien le encantan los libros de superación personal; entonces necesita leer mis recomendaciones de los 10 mejores libros de negocios. Estos son los libros que he leído y que han cambiado mi vida para mejor.

[Los 10 mejores libros de negocios](#)

Descargo de responsabilidad

Copyright Kumar © 2020
Todos los derechos reservados.

Ninguna parte de este eBook puede transmitirse o reproducirse de ninguna forma, incluida la impresión, la electrónica, la fotocopia, el escaneo, la mecánica o la grabación sin el permiso previo por escrito del autor.

Si bien el autor se ha esforzado al máximo para garantizar la precisión del contenido escrito, se recomienda a todos los lectores que sigan la información aquí mencionada bajo su responsabilidad. El autor no se hace responsable de ningún daño personal o comercial causado por la información. Se recomienda a todos los lectores a que busquen asesoramiento profesional cuando lo necesiten.

Sobre el autor

George Pain es un empresario, autor y consultor de negocios. Se especializa en la creación de negocios en línea desde cero, estrategias de ingresos de inversión y soluciones de movilidad global. Ha creado varios negocios desde cero y está entusiasmado de compartir sus conocimientos con los lectores. Aquí hay una lista de sus libros.

Libros de George Pain

Descripción del libro

Este libro lo guía a través de los principios del minimalismo y por qué se está convirtiendo en una tendencia. También lo guía a través del proceso de transformación para convertirte en un minimalista. Los capítulos muestran que el minimalismo no es solo liberarse de las cosas materiales, sino dejar ir las emociones negativas, hábitos, actitud y perspectiva que lo atan al pasado y le impiden seguir adelante. El libro lo guía a la libertad financiera, donde el dinero ya no es la fuerza dominante que lo impulsa, sino un medio que puede controlar para alcanzar su objetivo de libertad financiera.

También se discute sobre el desorden, pero en un ámbito más amplio, toca los beneficios que obtiene de desordenar y le da consejos sobre cómo evitar el desorden. Dejar ir y enfocarse en lo esencial, en última instancia, le trae la alegría y la satisfacción que la gente busca. Ya sea que vea al minimalismo como un movimiento o una forma de vida, lo libera de las dificultades actuales de la vida y le da esperanza de liberación. Le brinda una vida en la que usted es libre de hacer lo que quiera, tener suficiente tiempo para pasar con las personas que le importan y crecer como persona.

Capítulo 1: Lo que se obtiene de vivir una vida minimalista

En este capítulo, voy a decirle lo que necesita saber sobre el minimalismo como contramedida contra el estrés de la vida. El capítulo intenta responder a las siguientes preguntas:

- ¿Cuáles son las razones subyacentes de las personas que sufren estrés?
- ¿Cuáles son las diferentes percepciones de la gente sobre el minimalismo?
- ¿Cuáles son las características que posee el concepto de minimalismo?
- ¿Cómo se convierte uno en un minimalista?
- ¿Es posible el minimalismo?

Es fácil frustrarse viviendo en una sociedad moderna. La vida en la sociedad moderna está llena de tensiones físicas, emocionales y mentales. Todo está en constante apuro con el reloj de tiempo que domina cada día. Dondequiera que vaya, enfrente dificultades que amenazan su relación con sus compañeros de trabajo, amigos y familiares. Finalmente, usted se rinde en fatiga y frustración.

Una vida minimalista podría ser la respuesta para usted. Pero ser minimalista sin la plena comprensión de lo que es el minimalismo en esencia y lo que se obtiene al vivir una vida minimalista puede llevar a frustraciones. Este capítulo le proporciona el arma para prepararse para una forma de vida minimalista.

Los culpables modernos de una vida estresante

Antes de que las cosas se pongan aún más oscuras, mire las razones de las frustraciones para ver el panorama general. Identificar problemas comunes de hoy en día pone las cosas en la perspectiva correcta y le permite reflexionar y evaluar su situación.

- *Tener una perspectiva materialista.* Está en la naturaleza del hombre perseguir algo para una necesidad insatisfecha. El problema surge cuando una necesidad satisfecha lleva a querer más. Querer más de lo que necesite, se encuentra abarrotado de cosas innecesarias que ocupan espacio, limitando su movilidad.

Por ejemplo, comprar figuras que llaman la atención solo para perderse en un estante lleno de objetos. La belleza de la figurita que le llamo la atención lo suficiente como para hacer una compra, pero que de repente pierde su valor cuando se coloca entre muchas otras. Se arrepiente de la compra y se siente culpable por ello. O, añade un traje a un armario que llena un armario ya desbordado.

No necesita estas compras y solo sirven para desordenar su espacio. Los estudios muestran que existe un estrecho vínculo entre sus posesiones y su salud física y mental. Los hallazgos muestran que las personas que basan su felicidad en las posesiones materiales tienden a sentir una menor satisfacción en la vida.

- *Negatividad.* La negatividad en la vida solo hace que su vida sea peor de lo que ya es. Tener valores negativos tiende a multiplicar esto, añadiendo estrés a su vida. La negatividad tiene el efecto de hacerle perder la confianza y la autoestima; le roba la felicidad, la alegría, y agota su energía.
- *Falta de autocontrol y disciplina.* Su entorno está lleno de distracciones que lo alejan de su objetivo en la vida. Para contrarrestar la distracción en su entorno, necesita autocontrol y disciplina para mantenerse enfocado. Sin embargo, en gran parte, el comportamiento de una persona comenzó desde la infancia y se desarrolló a lo largo de la etapa adulta. Pero, es un error pensar que la autodisciplina es difícil de lograr y requiere mucho sacrificio de su parte. El autocontrol es alcanzable, y si se mantiene enfocado en su objetivo, sus posibilidades de alcanzarlo son mayores.

Descripción del Minimalismo

Hay muchas formas de definir el minimalismo y diferencias en la forma en que la gente percibe el minimalismo. Para algunos, el minimalismo es una forma de vida, mientras que para otros es un movimiento donde todo - cosas, ideas y espacio - se reduce a lo esencial en la vida. Para entender lo que es el minimalismo, ayuda a abordar algunas de las características que el minimalismo posee.

1. *Prioridades e intencionalidad.* El minimalismo trata de evaluar sus prioridades en la vida y la voluntad de lidiar con las posesiones, relaciones, ideas y actividades priorizadas. Cualquier cosa que no esté en sus prioridades debe descartarse para evitar distracciones. Lo que quiere y por qué elige sus prioridades debe ser claro para usted. Es cuando no está claro con sus necesidades que su voluntad se debilita. Antes de que usted se dé cuenta, está retrocediendo de una forma de vida minimalista a una vida de poseer más.
2. *Lo que importa es lo esencial en la vida.* La mayoría de las personas modernas crecieron creyendo que la felicidad radica en las posesiones, que tener más equivale a la felicidad. La manía por las posesiones es un fenómeno reciente influenciado por elementos como los medios de comunicación, los anuncios que promocionan productos, los nuevos productos que salen al mercado que son variaciones del mismo producto, etc. Una persona inevitablemente es atraída al mundo del consumismo, comprando más de Qué se necesita.

Pero, si miramos hacia atrás en la historia humana, los primeros pueblos, los nómadas, viven con aquellas posesiones que consideran esenciales para la supervivencia. Lo cual, si lo piensa, es el núcleo del minimalismo. Vivir con lo que es esencial para la vida y descartar lo que no es necesario.

Los seres humanos están destinados a encontrar un sentido de seguridad y un significado en la vida a través de las relaciones, tanto con las personas como con el medio ambiente. Las posesiones materiales son incidentales a ese propósito. Y esto es lo que es el minimalismo, es decir, vivir con lo esencial que valoras y lo hace feliz.

3. *Vivir una vida plena.* Una vida plena no significa tener más y hacer más. Lo que significa una vida plena es hacer las cosas que le gusta, pasar tiempo con la gente que ama, ser apasionado por las cosas, ideas, actividades que importan, y disfrutar de lo que hace en cada momento. Esta descripción de una vida plena no requiere un exceso de posesiones materiales o que usted mismo trabaje demasiado. El minimalismo requiere que concentres la atención y las intenciones en lo esencial.

Guía simple para convertirse en un minimalista

Contrariamente a lo que muchos creen, el minimalismo es alcanzable. En las etapas iniciales, ser un minimalista puede no ser fácil. Sin embargo, usted tiene éxito como minimalista si se mantiene enfocado en su objetivo de vivir una vida sencilla. A continuación, se detallan algunos pasos sencillos que puede seguir para comenzar:

1) *Desengánchese de las realidades presentes*. Tómese el tiempo para separarse de la realidad y echar un vistazo a su vida. Intente evaluar lo que hace, sus acciones pasadas, lo que le hace feliz y contento, y sus planes para el futuro.

2) *Haga una lista de objetivos*. Haga una lista de las realidades que vea. De esta lista, haga otra lista corta que crea que es la más importante para usted y compare la lista larga con la corta.

3) *Descarte lo no esencial*. Los elementos que incluyó en la lista corta son los esenciales. Los elementos que no están en su lista corta son los no esenciales que debe ignorar. Ignorar lo no esencial podría ser difícil, y elegir podría ser emotivo. Pero, elegir lo esencial es necesario, si tiene la intención de vivir una vida simple.

4) La transición a un *estilo de vida* minimalista *no* ocurre de la noche a la mañana. Por lo tanto, sea paciente y haga la transición gradualmente a un estilo de vida minimalista. Por ejemplo, le apasiona la pintura porque tiene que trabajar duro para pagar las facturas. Puede dedicar un poco de su tiempo a su pasión, mientras trabaja a tiempo completo para pagar las cuentas. Comience su transformación con pequeños cambios.

Cuando se familiarice con su nueva vida, puede pasar a desafíos más grandes.

Muchas personas ven el minimalismo con escepticismo. Las exigencias del minimalismo hacen difícil para alguien con una perspectiva materialista renunciar a todas las posesiones adquiridas a través de los años. El no entender la esencia del minimalismo, lo que trata de corregir, y sus objetivos hacen que la visión de la gente sobre el minimalismo sea inalcanzable.

Pero para quien aspira a un cambio positivo en la vida, el minimalismo es alcanzable y sostenible. Uno necesita darse cuenta y aceptar que se necesita un sacrificio para el cambio. Pero, lo que se sacrifica vale lo que se logra para vivir una vida libre de estrés.

Capítulo 2: El minimalismo y la búsqueda de la felicidad

En este capítulo, les voy a contar sobre la relación del minimalismo con lo que las personas aspiran, es decir, la felicidad. El capítulo proporciona respuestas a las siguientes preguntas:

- ¿Qué es la felicidad y por qué es tan difícil de alcanzar?
- ¿Cuáles son los beneficios que usted obtiene del minimalismo?
- ¿Cuáles son las etapas por las que uno pasa para convertirse en un minimalista?
- ¿Cómo se manifiesta el minimalismo en la vida cotidiana?
- ¿Cómo puede un minimalista conciliar la aparición de múltiples actos de minimalismo?

Quizás no haya nadie que no busque la felicidad como objetivo final en esta vida. Todo lo que la gente hace en el día a día no es más que un medio para lograr la felicidad. Pero, lograr la felicidad es problemático y difícil de alcanzar.

Al contrario de lo que muchos creen, la felicidad es un estado mental. La felicidad no es solo poseer cosas materiales. Sin embargo, hay muchos que basan su felicidad en las cosas materiales que poseen. Como resultado de esta creencia, existe la obsesión de acumular cosas. Para adquirir más cosas materiales, se trabaja duro para ganar más. En el proceso de trabajar duro, se sacrifican las relaciones con las personas que le importan. Y, después de todo el trabajo duro y las posesiones, la felicidad sigue siendo difícil de alcanzar.

La fuente de la felicidad no proviene de las cosas externas y de la gente que lo rodea. La felicidad viene de su interior. Este estado mental proviene de sus experiencias con el mundo exterior. Las emociones que siente, y el contenido intelectual extraído de la experiencia dictan su estado de ánimo.

El minimalismo podría ser el medio para liberarse de obsesiones, pensamientos y emociones negativas. Cuando usted está libre de lo que le agobie, puede disfrutar de las siguientes ventajas:

- Cambie sus pensamientos negativos por otros positivos
- Controle su tiempo y espacio, que puede usar para fortalecer su relación con sus seres queridos o con las personas que son importantes para usted.
- Concéntrese en su salud
- Persiga las actividades que le apasionan
- Crezca con experiencias de vida significativas
- Contribuya con los demás
- Viva sin excesos

El proceso de transformación a una vida minimalista

Decidir vivir una vida minimalista es una cosa, y pasar por el proceso de transformación es otra. Puede pasar por un desarrollo psicológico difícil para convertirse en un minimalista.

Crisis. El proceso comienza con la comprensión de que existe un problema en su vida. El problema puede ser cualquier cosa, como sentirse abarrotado de cosas, personas o ideas que lo hacen sentir la necesidad de espacio para respirar o despejar la cabeza. La crisis podría provenir de problemas médicos, laborales o domésticos. Hay una sensación persistente de que las cosas deberían cambiar y se da cuenta de que si las cosas permanecen como están, pierde más en la vida.

Curiosidad. Escucha hablar del concepto de minimalismo, y sabe que es un fenómeno de moda. Se interesa, pero no sabe mucho del minimalismo. El punto es que es la curiosidad lo que le lleva a buscar respuestas a su problema. Creyendo que ha encontrado la solución, decide darle una oportunidad al minimalismo.

Aprehensión. El minimalismo es nuevo para usted. Y como en todo cambio, es el salto lo que da miedo. Entonces, duda y comienza a dudar de su decisión. El minimalismo se trata de dejar ir las cosas, el pasado que lo detiene, las ideas que existen para abrumar su mente y las actividades que tiene la costumbre de hacer. La aprensión es comprensible, pero podría recordarle su decisión de cambiar su vida y mantenerse enfocado en su objetivo.

Soltar. Soltar es como cortar el cordón umbilical, una separación que puede ser dolorosa. Deshacerse de las familiaridades como las cosas que posees, las ideas, las creencias o las personas es difícil. Puede hacer que "dejar ir" sea fácil a través de un cambio gradual. Empieza con un pequeño cambio como tirar las cosas que son fáciles de manejar para usted: ropa vieja, libros que se quedaron en el estante durante años o muebles viejos. Cuando tenga éxito en esta etapa, pase a eliminar las piezas más sentimentales.

Decepción. Llegará el momento en que extrañe lo que ha soltado; entonces empezará a dudar de su decisión. Alguna vez fueron parte de su vida y sus actividades. El arrepentimiento y el remordimiento se adueñan de usted. Acepte el sentimiento y siga adelante. Ha pasado por situaciones en donde es necesario soltar esos sentimientos. Mantenga su decisión con determinación.

Gratitud. Una vez que haya superado la etapa de decepción, se sentirá aliviado. Logró superar la lucha emocional de la separación de las cosas, ideas y personas. Ahora que está libre de lo no esencial, puede disfrutar del espacio y concentrarse en lo esencial. Estará agradecido de tener ahora la oportunidad de prestar atención a lo que descuido en su obsesión por trabajar duro: fortalecer sus lazos con la gente, enfocarse en ideas productivas, y tener tiempo para su pasión.

Empoderamiento. El minimalismo le da la libertad de todas sus obsesiones. Lo que es más significativo es que controle su vida. Le da la confianza para trazar su camino y tener el control. Aún puede tener posesiones, pero la elección es suya y no por una influencia externa.

Plenitud. Como se ha mencionado, un principiante minimalista puede empezar con cualquier problema, como la desclasificación del espacio doméstico. La desclasificación de un espacio físico es el comienzo, pero encontrará que la desclasificación podría aplicarse también a otras áreas de su vida, como en un ambiente de trabajo cuando desclasificas ideas y relaciones de trabajo, relaciones con otras personas y actividades. La idea del minimalismo es eliminar lo no esencial para que pueda concentrarse y mejorar lo que más le importa.

Las muchas facetas del minimalismo

Las necesidades motivan el comportamiento de una persona, que varía dependiendo del tipo de necesidad que domina en un momento determinado. Tomando prestadas las categorías hechas por Allport y Maslow, hay ocho categorías: necesidades fisiológicas (alimento, refugio y vestido), necesidades de seguridad, necesidades sociales (amor y pertenencia), estima (como estatus, reconocimiento, autoestima) y auto actualización.

Otros expertos dividen la autorrealización en necesidades cognitivas (sed de conocimiento y significado), necesidades estéticas (es decir, la apreciación de la belleza y la armonía) y la autorrealización (la realización de las potencialidades de una persona, la realización personal y las experiencias máximas).

Además, estas necesidades pueden mostrarse en sus ideas, en la elección de las relaciones, en las actividades que realiza y en sus pensamientos. El minimalismo, por lo tanto, penetra en todos los pensamientos, emociones y comportamientos humanos, y cada acto de minimalismo añade un valor a su vida. La lista que se da a continuación no es inclusiva, y puede que encuentre un par más a medida que haga del minimalismo una forma de vida.

- *Posesiones minimalistas* - Este tipo de minimalismo se deshace de las posesiones materiales para permitir más espacio físico. Las posesiones ordenadas le permiten respirar, eliminan la sensación de estar agobiado y ayuda a aclarar los pensamientos.
- *Pensamiento minimalista* - Un minimalista que desecha las ideas que no añaden valor a la vida. Eliminar los pensamientos e ideas negativas permite centrarse en las ideas constructivas y los pensamientos positivos que importan. Puede sorprenderse al descubrir que inculcar ideas y pensamientos positivos puede hacerlo una persona positiva.

- *Dinero minimalista* - La creencia popular es que tener más dinero le da más posesiones, mejorando así su estatus social y económico. El dinero minimalista dice que se lleve bien en la vida con lo que tiene.
- *Decisión minimalista* - Con ideas limitadas a lo que añade valor a su vida, toma menos decisiones. Menos decisiones que tomar cada día se traduce a menos estrés.
- *Distracción minimalista* - Este minimalista reduce las distracciones del entorno y crea un ambiente propicio. Un entorno propicio le permite centrarse en la pasión descuidada y operar menos basado en la fuerza de voluntad.
- *Conflicto interpersonal minimalista* - Un minimalista que se toma el tiempo para conocer y entender a otras personas. Al conocer mejor a los demás, se llega a respetar su individualidad y ellos respetan la suya. El conocimiento que adquiere sobre otras personas puede mejorar y fortalecer su relación.
- *Dificultad minimalista* - Donde se analizan los pasos que hay que dar para hacer las cosas. Divida el proceso en pasos manejables, ignore los pasos que no son importantes y conserve los que son necesarios. Ahorra tiempo y esfuerzo en la reducción de los pasos.

- *Compromiso minimalista* - Donde hace promesas que está seguro de que puede comprometerte sin hacer daño a los demás. Haciendo esto, reduce el conflicto interpersonal y la fricción motivacional.
- *Momento minimalista* - Donde maximiza el tiempo que dedica a las cosas y a las personas que considera importante. Hacer el momento minimalista reduce o elimina sus momentos perdidos que llevan a arrepentimientos y frustraciones. El minimalismo del momento maximiza el tiempo de calidad con las personas que importan.
- *Expectativa minimalista* - Tener expectativas de la gente y las cosas a menudo lleva a decepciones. Al eliminar o reducir sus expectativas y al estar abierto a nuevas experiencias, usted elimina intencionalmente el estrés de su vida.

Los tipos de minimalismo mencionados anteriormente no son independientes entre sí. Cada tipo de minimalismo puede ocurrir simultáneamente, o uno puede ocurrir como consecuencia de otro acto. Un ejemplo es cuando compras un coche usado para ahorrar dinero. Contrariamente a lo que cree usted, comprar un auto usado costará más en términos de tiempo, dinero para el mantenimiento, y los problemas que experimentes en el proceso.

Al mezclar varios tipos de minimalismo, hay que decidir las prioridades y hacer equilibrios. Sin priorizar, se frustrará y caerá en la trampa de los pensamientos y sentimientos negativos.

Lo que puede hacer en los momentos en que se siente con ganas de retroceder es maximizar el objetivo del minimalismo, que es simplificar su vida, establecer prioridades y concentrarte en lo que más le importa.

Capítulo 3: El minimalismo como contra-consumismo

En este capítulo, voy a contarle cómo el minimalismo puede contrarrestar la cultura de consumo que domina la sociedad actual. El capítulo proporciona respuestas a las siguientes preguntas:

- ¿Cuáles son los efectos del consumismo?
- ¿Cuál es el mayor impacto psicológico del consumismo en las personas?
- ¿Cuáles son las respuestas del minimalismo?
- ¿Qué puede hacer para contrarrestar el consumismo?
- ¿Qué beneficios obtiene cuando se resiste a la cultura del consumismo?

Asociar el minimalismo con el consumismo es comprensible. Los estudios sobre las necesidades humanas cambiaron su enfoque de la identificación de las necesidades básicas (es decir, alimento, refugio y ropa) a la investigación de cómo las personas definen sus necesidades y transforman estas interpretaciones en decisiones y acciones. El aumento observado del consumismo en los últimos decenios puede haber desencadenado el cambio en el estudio de las necesidades humanas. Además, también fue evidente un cambio en la preferencia de los consumidores, que pasaron de las marcas producidas en masa a los productos y servicios personalizados.

El minimalismo se popularizó con la frase "Menos es más", que a su vez se traduce en consumo económico. Sin embargo, el Minimalismo es más amplio que el consumo material y abarca ideas, pensamientos, relaciones, estética y actividades. De hecho, el minimalismo como forma de vida cubre todos los aspectos del comportamiento humano. Limitar la comprensión del minimalismo al consumo económico es engañoso.

Efectos del consumismo y la respuesta del minimalismo

El consumismo no es solo un nombre para categorizar un comportamiento humano en particular; el consumismo evolucionó con las realidades de la época. Hubo un aumento significativo en los ingresos y la riqueza en los últimos 20 años. El comercio y la industria se aferraron a este fenómeno produciendo bienes de forma lateral y vertical, haciendo los productos accesibles a un mercado más amplio. Si se añade la influencia de los medios de comunicación y de la publicidad, se obtiene un aumento del consumo de compras.

Se podría pensar que poner los productos y servicios a disposición de un mercado más amplio es bueno para los consumidores, hay efectos que eventualmente darían lugar al minimalismo como respuesta.

Efectos del consumismo

- El crecimiento del nivel y la proporción de ingresos y riqueza llevó a los gastos de lujo;
- Una distribución más amplia de los ingresos;
- Mujeres entrando en el mundo corporativo;
- La creciente importancia del mundo digital;
- La aparición del concepto de "expectativas crecientes" o aspiraciones de las personas.

Se podría decir que no hay nada malo con los efectos del consumismo donde "más significa más" para la gente. Pero, hay un mayor impacto psicológico en los consumidores que requiere una atención crítica:

- *Valores materialistas.* Hay muchos estudios que demuestran que los valores materialistas tienen un impacto negativo en el bienestar de una persona.
- *Estrés laboral.* Con el aumento de los ingresos, las aspiraciones de la gente se disparan. Las personas deben trabajar largas horas para poder gastar más. Trabajar largas horas reduce el tiempo que pasa con las personas, destruye las relaciones y le quita las conexiones sociales y la participación comunitaria. A medida que la competencia por el consumo se intensifica, se ponen en peligro las fuentes de bienestar: la amistad, la familia, los compañeros y la comunidad.

- *La destrucción del medio ambiente.* El consumo excesivo afecta negativamente al medio ambiente en gran medida. La destrucción del medio ambiente, a su vez, afecta negativamente a la calidad de vida de las personas.

¿Qué puede hacer para contrarrestar el consumismo?

La necesidad de comprar proviene de miedos e inseguridades. El mundo de los negocios aprovecha los temores e inseguridades de las personas y utiliza la publicidad en los medios para crear la compulsión de comprar más. Debido a esta compulsión, cae en la trampa de "trabajar más para gastar más". Debe detener el ciclo de trabajo y gasto; y distinguir entre deseos y necesidades.

Puede seguir las sugerencias que se indican a continuación y tomar el control de su situación:

1) *Sea consciente de sus impulsos.* Ser consciente de su cuerpo dirige su atención a los impulsos.
2) Haga una pausa *y evalúe su acción prevista.* Hágase preguntas como: ¿Necesita el artículo que está a punto de comprar? ¿Añadirá el artículo un valor a su vida? Hacer una pausa también le da tiempo para que se desvanezca el impulso. O puede forzarse a esperar, digamos una semana o un mes. Tal vez, en una semana o un mes, las ganas desaparezcan.

3) *Deje de imitar a otras personas.* Cada persona es única y usted tiene sus necesidades específicas para su estilo de vida. Tampoco tiene que seguir una tendencia. La moda actual puede no adaptarse a su personalidad y se arrepiente de haber comprado un artículo no adecuado o apropiado para su persona.

4) Conózcase *e identifique sus debilidades.* Es fácil entrar en un hábito y bastante difícil salir de él. Un hábito puede convertirse en puntos de activación de sus debilidades, como un producto favorito, una tienda, una adicción, y atractivas promociones de precios. Gane la batalla a medio camino en reconocer sus debilidades e identificar los puntos de activación.

5) Compruebe *sus motivaciones.* Una buena publicidad lo atrae a comprar un producto con promesas que satisfagan sus necesidades imaginarias. Estas promesas no necesitan tener hechos para respaldar los reclamos. Compruebe sus motivos para comprar el producto. ¿Está comprando el producto porque un amigo tiene uno (envidia)? ¿Está comprando el producto para que la gente sepa que es moderno y actual (la necesidad de pertenecer)? Sea objetivo y honesto al responder estas preguntas.

6) Elija *un producto que le agregue valor a usted o para los demás.* Comprar un producto que sea útil para los demás responde a una necesidad humana más elevada de autorrealización y realización personal.

7) Verifique *los costos ocultos en el producto*. Comprar un producto implica más que el costo. Por ejemplo, comprar un auto barato puede haberle hecho ahorrar dinero. Pero, al elegir un auto barato, sacrifica su tiempo en mantenimiento y viajes, le cuesta más por reparaciones constantes y problemas. La felicidad inicial que obtiene al adquirir el auto pronto se desvanece con el estrés y la preocupación que le causa después.

8) Ponga a prueba *sus límites*. Si usted es un comprador compulsivo en el pasado, este paso puede resultar difícil. Pero, este es un desafío para saber qué tan lejos puede llegar con su objetivo de vivir una vida que es simple. Oblíguese a abstenerse de comprar durante un mes o dos. Extienda el límite de tiempo a medida que avanzas con este experimento. Su éxito es su propia motivación hasta que llegue al punto de hacer que la regla de limitar las compras a lo esencial sea una forma de vida.

Ganancias cuando el minimalismo contrarresta el consumismo

1. *Una deuda reducida.* En el lado positivo, el uso de una tarjeta de crédito es conveniente para el consumidor. Las tarjetas de crédito facilitan las compras diarias. Y, con la compra en línea, usted obtiene lo que quiere sin salir de casa. Sin embargo, el uso de la tarjeta de crédito es también la forma más fácil de contraer deudas, y la forma más rápida de acumularlas. A medida que aumenta la presión para que pagues las deudas, siente la

necesidad de trabajar más horas para aumentar sus ingresos. La deuda acumulada y la presión para trabajar más le causan estrés en su vida.

2. *Deseo reducido de posesiones.* Las posesiones que acumuló durante años requieren su tiempo y energía en mantenimiento y orden. Las tareas que realiza, como el mantenimiento de la propiedad, el reemplazo de muebles o equipos, la reparación de un vehículo, la limpieza de adornos y la organización de accesorios en su escritorio podrían agotarlo física y emocionalmente.

3. *Disminución del deseo de normas de estilo de vida de alto nivel.* Antes, la envidia se extendía hasta la persona que vivía en la puerta de al lado. Los medios de comunicación y los canales de publicidad, que pintaron la vida de los ricos y famosos como glamorosa y superior trajeron la envidia a su estilo de vida. Y, debido a que la norma de estilo de vida de los ricos está más allá de los ingresos de la gente común, el resultado es el estrés. La única manera de detener la envidia es a través del rechazo intencional.

4. *Reducción del impacto adverso sobre el medio ambiente.* La tierra tiene suficientes recursos para satisfacer las necesidades de las personas. Sin embargo, los recursos se agotan cuando la gente intenta satisfacer sus deseos. Agotamiento de los recursos de la tierra para satisfacer

los deseos de la gente, que son innecesarios, es desastroso para la humanidad.

5. *Menos necesidad de seguir la tendencia.* Mantenerse al día con las últimas tendencias le da a uno la sensación de pertenecer, de estar en un grupo, y de ser uno con el tiempo. No estar en la tendencia significa quedarse atrás. Por lo tanto, los productos se expanden y la moda cambia poco después de su introducción. El consumismo lo ata a su cultura, y lo anima a liberarse de su esclavitud.

6. *Menos presión para impresionar a otros con posesiones materiales.* El consumo ostentoso es una frase utilizada por Thorstein Veblen en 1899, un economista, para describir una clase específica. La frase se refiere a los consumidores que compran materiales caros como símbolos de estatus que ocultan las necesidades reales de los compradores. El consumo ostentoso utiliza la imagen de la riqueza para promocionarse a sí mismo, ocultando la realidad del consumidor. La construcción de imagen a través del consumo ostentoso sigue vigente hasta hoy en día y está causando estrés para muchos.

7. *Más generosidad.* Cuando opta por dejar el consumismo, libera su energía, tiempo y recursos para concentrarse en lo que más le importa. También descubre que dar a los demás, ya sea su tiempo y recursos, es más

satisfactorio que gastar en cosas innecesarias. Al crear un espacio dentro de usted, la generosidad puede llenar parte de ese espacio en su vida.

8. *Más satisfacción.* Muchas personas buscan satisfacción, creyendo que el deseo de consumo sigue. Esta creencia, sin embargo, es una idea falsa. La satisfacción viene con el rechazo intencional del consumismo. El minimalismo realinea su vida con su pasión, encontrando alegría y satisfacción al hacerlo.
9. *Mayor capacidad de ver a través de reclamos vacíos.* Cuando esté libre de prejuicios e influencias negativas, puede distinguir entre las afirmaciones auténticas y reales. Ver la realidad con claridad lo ayuda a tomar decisiones a partir de elecciones informadas.
10. *Una mayor comprensión de que este mundo no es solo material.* El rechazo intencional del consumismo hace que usted se dé cuenta de que la felicidad no viene de las cosas materiales sino de lo que no se ve, como el amor, la fe, la esperanza y la apariencia.

Como se mencionó, el minimalismo no limita su alcance al consumo económico. El minimalismo abarca todos los aspectos del comportamiento humano e intenta corregir aquellos comportamientos que no agregan valor a la vida. En nuestra sociedad actual, donde la cultura del consumismo es dominante e impacta negativamente en las personas, una discusión sobre el consumismo y cómo contrarrestar esta cultura se hace imperativa.

El mensaje del minimalismo
Cuando la mayoría se imagina la idea de ser un minimalista, pueden imaginar una casa llena de muy pocos objetos modernizados y el color blanco en cada habitación. Sí, esta podría ser una imagen bastante precisa de los que son minimalistas extremos o de los que no disfrutan de estar rodeados de tecnología moderna. Sin embargo, no es de eso de lo que trata este libro. Mucha gente lo ve como una moda pasajera, en lugar de una forma de vida que podrían incorporar fácilmente a su estilo de vida diario. El punto del minimalismo no es vivir con menos de 100 artículos, deshacerse del televisor de pantalla plana o del vehículo, o viajar por el mundo con solo una mochila y un corazón lleno de aventuras. Pero el minimalismo puede ayudarlo a lograr todas esas cosas, ¡si lo desea!

En realidad, el minimalismo es solo una herramienta que la gente utiliza para simplificar sus vidas. Es una forma de alcanzar y realmente lograr un punto de libertad en su vida convencional. Piense en lo que sería tener menos pertenencias materiales para cribar a diario... ¿Piense en cómo sería ir más allá de la caja de la cultura de consumo en la que todos hemos caído? ¡Los aspectos clave del minimalismo pueden ayudarlo!

Ahora, no hay absolutamente nada malo en poseer cosas materiales. Pero los humanos de hoy en día le hemos dado demasiado significado y crédito a las cosas que poseemos. Debe ser rico y acomodado si posee un auto caro. Debe ser un individuo saludable si tiene una máquina de correr. Debe ser un experto en moda si tiene muchas prendas de vestir. Los artículos con los que nos rodeamos han dado a otros seres humanos a nuestro alrededor permiso para asumir cómo son nuestras vidas, quiénes somos como personas y cómo nos comportamos. Esta es la caja de consumismo en la que nos hemos permitido encerrarnos. Y es hora de poner estas ideas a descansar. ¿Y qué mejor lugar para empezar que dentro de su propia vida?

El minimalismo también nos permite tomar decisiones cruciales sobre nuestra vida mucho más fácil y simple. Las formas del minimalismo nos empujan a luchar para mejorar, en lugar de permitirnos obsesionarnos demasiado con las posesiones materiales de varias maneras. Sé lo que está pensando, "¿Cómo puedo convertirme en un minimalista o incorporar ese estilo de vida a mi vida? Suena terrible". ¡De nuevo, esta es la imagen que la sociedad ha puesto en nuestras mentes! El minimalismo es una herramienta que permite deshacerse de los excesos de la vida centrándose en lo que es más importante, para que pueda buscar y lograr la libertad, la realización y la felicidad pura y dichosa.

El minimalismo nos ayuda a:

- Descubrir nuestro verdadero propósito y misión en esta vida
- Deshacer de los objetos superfluos que no necesitamos o usamos
- Contribuir a nuestras comunidades
- Madurar como personas individuales
- Centrarnos en nuestra salud, creando un mejor templo en el que residir
- Dejar espacios para la creatividad
- Experimentar la idea de la libertad REAL
- Perseguir las cosas que nos apasionan
- Ahorrar nuestro tiempo para las cosas que importan más
- Eliminar nuestros sentimientos de descontento

Como seres humanos, naturalmente queremos ser felices y estamos constantemente buscando **cosas** en lugar de experiencias de vida u otras personas para llenar este sentimiento vacío que reside dentro de muchos de nosotros. Gran parte de la población tiene un falso sentido de lo que es necesario para sobrevivir y prosperar hoy en día, y se trata de señalar lo que hace que nuestras vidas sean las más innecesarias. Todos vivimos sin saberlo, rodeados de cosas que en realidad nos hacen más miserables. Y es hora de poner fin a esto en su propia vida y hacer un cambio. Es hora de mejorar.

Los siguientes capítulos le presentarán las formas de incorporar el minimalismo en su vida. No hay necesidad de salir y comprar un galón de pintura blanca - no somos extremistas aquí. **Tendrá** que esforzarse, así como superar las tentaciones. ¡Pero este libro está aquí para ayudarlo a simplificar su vida, para que pueda vivirla más feliz!

El proceso de simplificar su vida

Está aquí por una razón: para simplificar su vida. Quiere sentirse mejor con su tiempo aquí en la Tierra, pero no puede hacerlo sin hacer algunos cambios primero. Añadiendo una buena dosis de simplicidad a su vida diaria le traerá alegría, libertad definitiva y un buen equilibrio en el que residir.

"La pureza y la simplicidad son las dos alas con las que el hombre se eleva sobre la tierra y toda la naturaleza temporal" - Thomas Kempis.

Este capítulo está lleno de aspectos importantes en los que su vida gira constantemente y que puede simplificar con algo de tiempo, dedicación y un voto para usted mismo. ¿Qué es lo que no le gusta del sonido de vivir en un mundo más libre que usted mismo has creado? Sí, eso es lo que pensé. ¡Aquí hay algunos aspectos vitales que puede empezar a simplificar pieza por pieza de inmediato!

Multitarea - Llevamos a cabo el acto de la multitarea en un esfuerzo por hacer más a un ritmo más rápido, para poder lograr más a lo largo del día. Muy bien pensado, pero ¿sabía que en realidad le está causando más estrés? Manejar una tarea a la vez, a largo plazo, puede ayudarlo a lograr más porque tiene toda su atención en lo que sea que esté en proceso de completar. También está más orgulloso y se siente más satisfecho con las cosas que hace bien.

Desconectar - no estamos diciendo que deseche todos sus dispositivos móviles, pero es vital saber cuándo desconectarse del mundo por un momento. Aprenda a priorizar y se verá bombardeado por menos distracciones, lo que dará como resultado la realización de muchas más tareas que nos harán sentir mejor al final del día.

Ingredientes artificiales - Esto puede sonar un poco raro, pero tiene mucho sentido. Evitar las cosas malas con las que alimentamos nuestros cuerpos ayuda en gran medida a convertirse en un mejor minimalista. Consumimos cargas de granos refinados, sodio y azúcares de manera constante. Reducir el consumo de estas cosas que son inicialmente malas para nuestros cuerpos, que deberíamos tratar más como templos, será mucho mejor para usted a largo plazo. Esto incluye también los medicamentos sin receta. Esto, en realidad, lo ayudará a desempacar su botiquín.

Deuda - Hay millones de personas que están atrapadas por su deuda. Comience el proceso de reducirlo, hoy. Incluso si es una pequeña cantidad aquí y allá, ¡eso es progreso! No se desanime comprando cosas que no necesita. No deje que los objetos determinen su felicidad o su valor. Sacrificar cosas lujosas hoy puede llevarlo a un camino hacia un futuro libre de deudas.

Negatividad - Como muchos de nosotros sabemos, tener siempre la mente atascada con pensamientos y emociones negativas puede influir enormemente en nuestras decisiones, especialmente en nuestras decisiones de compra. Tener odio, arrepentimiento o resentimiento hacia los demás nunca ha llevado a nadie muy lejos. Su mente y la forma en que la utiliza es su responsabilidad. ¡Reemplace los sentimientos negativos por los positivos! Haga algo por alguien más a menudo. ¡Una excelente manera de sentirse mejor consigo mismo es hacer que alguien más se sienta bien!

Objetivos - Es hora de priorizar. En lugar de tener muchas metas que tiene intenciones de alcanzar a medias, elija las que signifiquen más para usted y haga todo lo posible por alcanzar las más importantes. ¡Esto también mejorará en gran medida su ritmo para lograr sus objetivos!

Compromisos de tiempo - La mayoría de nosotros vivimos en un constante estado de apuro, viviendo estilos de vida agitados sin luz al final del túnel. ¡Lo cual puede ser extremadamente agotador! Es importante ser capaz de tomarse un tiempo para uno mismo, para hacer cosas por uno mismo, ya sea estar activo en una afición que le interesa, etc. Libérese de los compromisos que no significan tanto para el valor de su vida. Lo más importante es que se comprometa con usted mismo.

Posesiones - Probablemente se pregunta cuándo llegaremos al tema de las cosas materiales. No es ningún secreto que tener demasiadas cosas puede desordenar no solo nuestro entorno físico, sino también nuestra mente. Piense en cuántas horas pasas al día moviendo cosas, limpiándolas y manteniéndolas. MUCHAS. Esto nos aleja de las cosas que son más importantes, a saber, experimentar cosas o ayudar a otros que necesitan ayuda. Los objetos inanimados agotan nuestra energía, nuestras billeteras y nuestra capacidad de atención. ¡Es hora de invertir tiempo en usted y sus seres queridos, en lugar de en las cosas que lo rodean y lo atormentan!

Cómo aprovechar al máximo las experiencias de la vida

Una gran parte de vivir el estilo de vida minimalista es aprender a sumergirse en los más pequeños momentos que la vida tiene para ofrecer. ¡Se trata de enseñarle a sacar el máximo provecho de todo lo que tiene la oportunidad de experimentar! Este capítulo está lleno de formas únicas que no muchos han considerado. Son formas de recuperar su vida y vivirla al máximo.

Abrazar la creatividad - A pesar de la creencia popular, las mentes más brillantes no se alimentan de la inteligencia de los libros, sino de la creatividad. Si no ha encontrado su musa, sumérjase en diferentes actividades, incluso aquellas que se encuentren fuera de su zona de confort. ¡Encontrará lo que alimenta su imaginación en muy poco tiempo!

Las reglas pueden romperse - Ahora, esto no es permiso para salir y empezar a romper la ley. La ley está ahí por una razón. Pero, hay muchas otras reglas que se supone que deben ser empujadas y posiblemente rotas. Si las obedeciéramos todas, la humanidad no estaría donde está en este momento. Si tiene curiosidad, encuentre maneras de alimentar esa curiosidad. Haga preguntas, sea imaginativo. Rompa esas reglas, haga otras nuevas, y luego encuentre maneras de romperlas también. Sin los que rompen las reglas, no habría ningún progreso en el mundo. No tendría un teléfono inteligente, sino un teléfono de bolsa.

Usted no es inferior - Si conoce personas que lo hacen sentir menos persona, póngale fin a esa situación. Deje de pensar así. Nadie es mejor que usted, nadie tiene un cerebro mejor que el suyo, etc. ¡La gente no alcanza sus objetivos o logra cualquier tipo de ambición con esta mentalidad! Las personas más conocidas han sido rechazadas una o dos veces en su vida - de hecho, ¡definitivamente han sido más rechazadas! "El éxito nunca es permanente, y el fracaso nunca es fatal." -John Wooden. ¡Recuerde eso!

Relájese y disfrute - Nuestros agitados horarios hacen que muchos de nosotros estemos constantemente en un apuro, TODO el tiempo, incluso cuando no estamos limitados por el tiempo. La paciencia es una virtud muy importante en estos días. Asegúrese de darse tiempo para funcionar. Salga temprano para el trabajo o los destinos oportunos, para que pueda conducir a su gusto y disfrutar del paisaje. Cuando pasee a su perro, permita que su mascota explore y disfrute de las vistas y los sonidos del mundo que lo rodea. La simpleza de tomarse su tiempo es un descanso para usted mismo. Tome un respiro. Tanto su salud mental como física lo agradecerán gentilmente.

¿Molesto? Actúe. - Todos somos culpables de quejarnos de algún aspecto de nuestras vidas en algún momento de otro. El Facebook con nuestras opiniones no harán nada para cambiar el mundo. Si está realmente molesto con algo, ¡haga algo al respecto! Escriba un blog, cree un video para compartir con sus amigos en sus redes sociales. Proteste con fundamentos. Si no tiene intenciones de ponerse de pie, no se queje. Siempre recuerdo una de las citas más conocidas de Gandhi: "Sé el cambio que deseas ver en el mundo".

Piense menos, haga más - Debe investigar y educarse antes de sumergirse en las decisiones importantes de la vida. No debería meterse en problemas o en una deuda. Pero eso no es una excusa para dejar su vida en un estado de limbo por una decisión. Se paralizará, y solo se quedará más atascado a medida que pase el tiempo. Reúna lo que necesita saber, y proceda. ¡Arriésguese si es necesario!

Nunca está solo - ¡Dos cabezas (o varias) son mejor que una! Un par de manos pueden hacer cosas increíbles, pero cuando juntas un equipo de mentes brillantes, ¡muchas cosas son posibles! Nadie tiene todas las respuestas, pero puede responder a sus preguntas si colabora con otros individuos. Rodéese de gente positiva que pueda ayudarlo en su desarrollo.

Mire más de cerca - Muchas personas no saben cómo, o nunca se toman el tiempo para hacerlo, pero es importante ponerse en los zapatos de otra persona de vez en cuando. Esto puede ayudarlo a usted y a otra persona a llegar a una nueva perspectiva y evitar discusiones que son solo una pérdida de tiempo.

Formas de despejar su vida

Literalmente pasamos **años** recolectando objetos sin sentido que trabajamos para seguir y mantener. Las cosas materiales no son iguales a la felicidad, y nunca pueden serlo. En realidad, todos los objetos inanimados son distracciones de un modo u otro. ¿Sabía usted que hay más instalaciones de almacenamiento en América que los restaurantes de McDonald's combinados en todo el mundo? Este capítulo repasará las formas de comenzar a despejar el desorden de su vida.

Tiempo de decisión - Antes de empezar a colocar cosas en cajas, escriba las razones de por qué desea desordenar su vida de las posesiones materiales. ¿Ahorrando dinero? ¿Ganando espacio? ¿Menos estrés? No importa la razón, ¡mirar esa lista lo mantendrá motivado y en el camino correcto!

Recupere el tiempo - Una de las mejores partes del minimalismo es la capacidad de retroceder el reloj y recuperar parte del tiempo perdido que se pasa comprando más cosas, reorganizándolo para hacer espacio, almacenándolo, reparándolo o manteniéndolo.

Objetos de valor - Una de las partes más difíciles de deshacerse de las cosas es elegir las que realmente le **importan**. Decida qué cosas tiene más valor para usted, y deshágase del resto.

Reducir - ¡hay ciertas cosas que no puede tirar, pero puede reducir! No necesita diez juegos de sábanas para una persona, o cientos de platos para una familia de cuatro, esto solo crea más trabajo para usted.

Armario - Conocido como Proyecto 333, el concepto es simple. Elija 33 prendas de vestir que desee ver en un plazo de 3 meses, y done o guarde el resto. Se sorprenderá de la cantidad de artículos que no necesita o usa. Ya no se estresará por lo que debe usar porque toda su ropa será su pieza favorita.

Caja de caridad - Encuentre algunas cajas y llénelas con elementos para los que ya no tiene uso o que no valora tanto. Done a organizaciones benéficas o de segunda mano. El medio ambiente se lo agradecerá, pero también los menos afortunados.

Evaluación sentimental - Los artículos más difíciles de dejar ir son aquellos que tienen algún tipo de valor sentimental, obviamente. Decida qué cosas quiere conservar y cuáles puede tirar, como viejas tarjetas de cumpleaños o talones de boletos. Una vez más, el minimalismo no se trata de deshacerse de todas sus cosas, sino de encontrar un significado en sus posesiones y tirar lo que ya no necesita.

Simplifica su rutina - A todos nos vendría bien un poco de acicalamiento cuando se trata de reducir nuestras rutinas, ¡especialmente las matutinas! Esto viene después de los pasos de despejar los accesorios del baño, así como de hacer el desayuno en una cocina más delgada. ¡Tener menos de que preocuparse le ayuda a comenzar sus días de mejor humor!

Limpieza del auto - Todos deberíamos hacer esto, pero cuando nuestros asientos traseros apenas están ocupados por gente, aprovechemos todo ese espacio. Deshacerse de la ropa extra, los envoltorios de comida, etc. ¡Un auto limpio es tan importante como una casa limpia!

Hora de digitalizar - Aunque una cierta cantidad de tecnología también puede amontonar nuestras vidas, imagina una oficina en casa sin todos esos montones de papeles para clasificar... Tómese un fin de semana para escanear documentos importantes y póngalos en un USB o en otro lugar seguro. Esto también significa fotografías viejas.

Aproveche los nuevos medios y minimice los viejos - Cancelar las suscripciones a periódicos y revistas no solo le ahorrará dinero, sino que son una cosa menos que tirar y/o desempolvar. Esto también se aplica a la cantidad de cosas en las que nos sumergimos en los nuevos medios. Realmente solo necesitamos un televisor, un teléfono, etc.

Pedir prestado en lugar de comprar - Si necesita un artículo que sabe que solo va a utilizar una vez, pregunte por ahí para ver si un miembro de la familia o un amigo lo tiene, o pídalo en la tienda de segunda mano. Esto va para cosas para fiestas, libros, etc.

Compre experiencias, no objetos - En lugar de mirar por la ventana del centro comercial y luego comprar otro par de zapatos, trate de poner su dinero ganado con esfuerzo en una experiencia, como una demostración de cocina, fin de semana de libros, degustación de vinos, actividades al aire libre, etc. ¡La experiencia durará mucho más que un par de tacones!

Calidad versus cantidad - Si tiene que comprar un artículo, es mejor optar por aquellos que le durarán un tiempo, por lo que no tiene que salir y comprar continuamente el mismo artículo. ¡Su cuenta bancaria se lo agradecerá por esto! Siempre que planeo comprar un artículo, me aseguro de encontrar al menos dos propósitos que me sirvan.

Deshágase de 1 cosa al día: Es importante comenzar poco a poco al minimizar las cosas en su hogar. ¡Para muchos, la regla "librar 1 por día" funciona de maravilla! Prométase a usted mismo deshacerse de al menos un artículo (¡o más!) Todos los días. Es un proceso lento, ¡pero verá progreso!

Capítulo 4: Dejar ir y seguir adelante

En este capítulo, voy a hablarles de dejar atrás el pasado para que puedan pasar a una nueva vida libre de estrés. El capítulo tiene como objetivo responder a las siguientes preguntas:

- ¿Qué significa dejar ir?
- ¿"Dejar ir" se limita a deshacerse de las posesiones materiales?
- ¿Cómo dejas de lado los hábitos estresantes?
- ¿Cómo dejas ir los pensamientos, las emociones y las creencias negativas?
- ¿Qué gano yo dejando ir el pasado?

Las personas son producto de sus experiencias de vida pasadas desde la infancia hasta la vida adulta. Los padres les dicen a sus hijos que sean más, que alcancen altos niveles, que acumulen títulos, que posean cosas, que tengan más amigos, que se casen y tengan hijos, que ganen más dinero. Los negocios y los medios de comunicación seducen a la gente a comprar productos. Lo que se incrusta en la mente de la gente es el mensaje de que una vida feliz viene de tener más de todo.

Lo que falta en el camino hacia la felicidad es el abandono del pasado, de los amigos y de otras personas, de la actitud, las emociones, las creencias y las prácticas que son la clave oculta para lograr una vida plena y feliz.

Esta clave oculta conduce a su curación y es necesaria para hacer un espacio a una vida maravillosa por delante.

Lo que significa dejar ir

Dejar ir podría tener diferentes definiciones e interpretaciones para diferentes personas. La razón de la dificultad difiere con los miedos e inseguridades de cada persona.

Salir de su zona de confort. Los amigos familiares, las ideas y los hábitos le hacen sentirse cómodo y seguro. Salir de su zona de confort es una amenaza y, por lo tanto, estresante. Una persona que se enfrente a un problema inventaría excusas para evitar el cambio. Salir de la zona de confort es a menudo el principal obstáculo que uno enfrenta cuando deja ir algo o alguien.

Le resulta difícil dejar de lado una variedad de incidentes; desde el inconveniente más simple hasta el incidente más trágico. El problema podría ser deshacerse de la ropa vieja o una dolorosa ruptura de una larga amistad. Ya sea que la separación sea simple o trágica, la experiencia del dolor está presente. El dolor viene en muchas formas, pero en cualquier forma, experimentar el dolor es normal para una persona. Es la forma en que se enfrenta al dolor lo que determina su camino. Hay personas que aceptarían el dolor y seguirían adelante, y otras que se apartarían y permanecerían en sus zonas de confort.

Dejar ir es aceptar las incertidumbres. Uno no puede decir lo que hay en el futuro. No saber qué esperar cuando se deja ir es aterrador. Permanecer con lo familiar es mejor que adentrarse en lo desconocido. En un entorno familiar, usted sabe con qué está tratando, qué esperar y qué hacer. Que es exactamente lo contrario del futuro desconocido. Es la incertidumbre de lo desconocido que es el segundo obstáculo que uno enfrenta para dejar ir el pasado.

El tercer obstáculo es la imprevisibilidad del futuro. Puede decidir aceptar la incertidumbre del futuro y creer que puede prepararse para lo que sucedería una vez allí. Pero, el futuro es impredecible debido a la interacción de muchos factores. Nunca se sabe lo que sucede después, a pesar de un plan bien diseñado. Y esta imprevisibilidad es lo que asusta a la mayoría de las personas, lo suficiente como para disuadirlos de salir de la zona de confort.

El cuarto obstáculo que uno tiene que enfrentar cuando se deja ir es la ausencia de puntos de referencia en el pasado que le ayuden en su viaje futuro. El futuro es nuevo y exploratorio, el pasado está lleno de puntos de referencia para ayudarlo a evaluar la situación y actuar. La idea de no tener nada a lo que recurrir es alarmante. Para alguien que no está acostumbrado a tomar decisiones, podría ser una situación aterradora. Lo que se ve es que explorar el futuro y tomar decisiones por sí solo hace que una persona sea más fuerte y firme en sus convicciones.

El quinto obstáculo de una persona que deja ir las experiencias es la creencia de que al dejar ir las cosas, ideas, hábitos y personas se deja atrás una parte del yo, de la identidad o la personalidad. Pero, lo que realmente sucede cuando se deja ir es hacer espacio para lo positivo en todo.

Dejar ir es perdonar. Perdonar es difícil, especialmente cuando el dolor es muy profundo. Esta es la razón por la que algunas personas se niegan a perdonar y a dejar ir. Es posible que una persona deje ir y no perdone, pero el dejar ir no será tan sincero y puro como cuando una persona perdona y deja ir. Dejar ir sin perdonar también hará que sea difícil para uno seguir adelante.

Perdonar significa una absolución; significa dejar ir el odio, la culpa, el resentimiento, la ira hacia alguien o algo. El perdón es tanto una actitud como un proceso. Quien tiene una actitud de perdón no guarda rencor ni juzga directamente el acto o comportamiento de otra persona. Como proceso, pasa por una etapa que puede ser dolorosa, pero que en última instancia le da la libertad que necesita para seguir adelante. Al perdonar, crea un espacio dentro de usted mismo para las cosas positivas de la vida.

Dejar ir es separarse de los hábitos disfuncionales. Hay hábitos de estilo de vida que son disfuncionales y le causan estrés en la vida. Ejemplos de hábitos de vida disfuncionales son quedarse fuera hasta tarde en la noche, dormir hasta tarde, asumir demasiadas cargas de trabajo, no decir nunca que no a las peticiones de los amigos, dejar las cosas para más tarde y permitir distracciones en su vida.

Los hábitos son difíciles de dejar ir ya que la regularidad del comportamiento se ha convertido en una segunda piel de una persona. El hábito es involuntario, por lo tanto, hecho sin tanto pensamiento o intención. Romper un hábito disfuncional es difícil, pero se puede lograr si se hace lo siguiente:

- Comprométase con usted mismo. Crea en su valor como persona y que, por lo tanto, merece una vida mejor. Los hábitos de vida disfuncionales pueden cambiar sustituyendo los buenos hábitos. Un método para romper un hábito es identificar el punto de activación y evitarlo una vez identificado. Por ejemplo, la tendencia a ver la televisión después de la cena. Si el punto desencadenante es el cómodo sofá frente al televisor, podría salir de la casa a tomar aire fresco.
- Evite obligaciones extras. La incapacidad de decir no a las peticiones de amigos y compañeros de trabajo lo agobia con una carga extra de trabajo. Estas

obligaciones adicionales le roban tiempo de calidad que podría pasar para usted y con sus familiares. Aprenda a decir no con suavidad, pero con firmeza. Tenga ese tiempo extra para hacer las actividades que le apasionan. Pase tiempo y cree lazos con los miembros de la familia y amigos; este tiempo de calidad fortalecerá su relación.

- Cambie un hábito, no por necesidad, sino para celebrarlo. Cuando vea el cambio como una celebración por dejar un hábito, el cambio se vuelve fácil y aceptable. No se sienta obligado a cambiar porque lo necesite. Un truco que puede hacer para celebrar el cambio de hábito es visualizar el cambio en su mente. La visión lo ayudará a actualizar su resolución de cambiar. Otra forma de facilitarle el cambio de hábito es tratarse a sí mismo con actividades que le guste, unirse a grupos que apoyen el cambio de hábito, ir a terapia como la reflexología o el yoga.

Dejar ir es librarse de las emociones, pensamientos y creencias negativas. Toda una vida de expectativas de los padres, amigos y empleadores de "ser más" llevan al miedo, resentimientos, culpa, remordimiento y juicios basados en creencias infundadas. Estas emociones y creencias negativas lo arrastran e impiden que sigas adelante. Sin embargo, como estas emociones y creencias son en su mayoría adquiridas, está dentro de usted cambiar.

- Aprender y desarrollar las autoafirmaciones. Hacer afirmaciones positivas contrarrestará las críticas negativas que recibió del pasado. Recibir constantes críticas y juicios negativos afecta a su autoestima y confianza. Las autoafirmaciones positivas reemplazarán lentamente las emociones negativas y le harán darse cuenta de su valor como persona.

Un ejemplo de autoafirmaciones es "Elijo no tener miedo", "Elijo ser feliz hoy", "Elijo la alegría en lugar de la tristeza", "Ignoro las críticas inútiles".

Sepa, sin embargo, que las emociones negativas no se irán y se mantendrán alejadas. Estas emociones se repetirán de vez en cuando. Una persona fuerte aceptará la emoción negativa pero no permitirá que se quede y se apodere de él de nuevo. Una persona cambiada será capaz de distinguir qué emoción añade valor a su vida y cuál la destruye.

- Piense solo en pensamientos felices. Aprenda a decir no a los pensamientos negativos y a entretener los positivos. Si la gente que lo rodea habla de miedos, ira e inseguridades, o bien se aleja de la conversación o le dices suavemente que prefieres hablar de lo que es positivo.

Si un pensamiento positivo no puede reemplazar a un pensamiento negativo, dudar de lo negativo ayuda. Un ejemplo es cuando tiene un pensamiento negativo, lo cambia con el pensamiento de que podría estar equivocado, y que hay una razón detrás del mal que no conoce.

- Manténgase en sintonía con el presente. Dejemos que las viejas creencias se queden en el pasado. Las realidades presentes son diferentes del pasado. Su realidad actual es diferente de sus realidades pasadas. Permanezca en el presente y manténgase enfocado en el "aquí y ahora". Puede hacer su autoafirmación diciendo "Elijo el ahora" y que se encuentra bien cuando y donde esté. Estas autoafirmaciones ayudarán a contrarrestar las creencias y actitudes negativas que se incrustaron en el pasado.

- Evite compararse con los demás. No hay dos personas iguales en atributos y esencia; cada una es única. Compararse con los demás es un ejercicio inútil. Siempre habrá uno que sea más fuerte o débil que usted, uno que sea más feliz, más magistral, más exitoso. Podría intentar vivir su vida a su manera y dar un ejemplo para que otros lo imiten. Sea un amigo, un compañero o un colega más que un competidor. Manténgase alejado de las personas que hacen comparaciones y lo confunden en el proceso. No los necesitas si usted sabe quién es y qué lo hace diferente de los demás.

- Absténgase de "ir en contra" por el bien del argumento. La rebelión parece ser popular hoy en día, y atractiva, especialmente para los jóvenes. Rebelarse es una pérdida de tiempo y le impide seguir adelante. Si siente que está cambiando, haga una pausa y reflexione sobre la situación: ¿qué provocó el sentimiento de rebelión?, ¿agregará valor a su vida? ¿Podrá seguir adelante desde aquí?
- Sea generoso. Este valor a menudo se pasa por alto tanto en su significado como acto como en su importancia para usted y los demás. El acto de generosidad provoca un sentimiento de satisfacción y realización de la persona generosa. El sentimiento que se obtiene de ser generoso contrarresta los pensamientos, emociones y creencias negativas que se encontraron en el pasado.

Lo que se gana al dejar ir el pasado

El pasado está tan incrustado en una persona que es difícil y estresante romper con él. Pero, quizás, saber lo que obtiene cuando rompe con el pasado lo motivará a empezar el proceso ahora. La vida tiene tanto que ofrecerle que es un desperdicio retrasar esto más.

- **Ver a las personas sin sus máscaras.** Podría ser una experiencia increíble conectar con gente sin sus máscaras. Llega a saber quiénes y qué son. Conectarse con personas que son verdaderas en la relación le permite aprender sobre sus perspectivas, opiniones y estilo de vida. Podría aprender de estas personas y crecer a partir de la experiencia. Conocer a una persona le hace respetarla como persona y le permite tener en cuenta la singularidad de cada persona.

- **Crecer como persona.** El malentendido que la gente tiene sobre otra persona a menudo pesa mucho en esa persona. Puede que haya experimentado malentendidos de la gente sobre usted. Como resultado de estos malentendidos, sufrió la pérdida de oportunidades, cargó con el dolor de las relaciones rotas y perdió amigos valiosos. Una persona fuerte nunca permite que el malentendido de otra persona influya y controle su vida. Sabe que la gente verá lo que quiera ver. Entretener el malentendido, por lo tanto, es un ejercicio inútil. Celebre, en cambio, su nueva persona.

- **Ganar paz interna.** Cuando logra dejar ir toda la negatividad de su entorno, de cualquier fuente, se libera del control e influencias externas. La gente se perturba y se preocupa por las cosas y eventos que les suceden. Lo que estas personas no se dan cuenta es que no son los eventos y situaciones que les molestan, sino su actitud y creencias adquiridas en el pasado.

No es el evento o la situación lo que molesta, sino cómo la gente ve los eventos. Cuando deja ir los miedos, preocupaciones, actitudes negativas y creencias, usted es capaz de ver el evento objetivamente. El conocimiento que obtiene de la comprensión del evento objetivamente le da paz interna.

- **Aprender más de cómo funciona la vida.** Dejar ir no es solo romper con las influencias negativas externas y el control. Dejar ir es también tirar su tendencia a controlar e influenciar a los demás. Al querer influir y controlar a los demás, no puede ver la imagen real en su esfuerzo por crear su propia realidad. Pero, cuando deja ir y permite que las cosas sucedan como deben sin su manipulación, aprende más de la vida y cómo funciona.

La gente no solo acumula posesiones materiales del pasado. Las posesiones no materiales también se acumulan y se incrustan en la personalidad de la persona, bloqueando la capacidad de la persona para pasar a una vida mejor. Las posesiones no materiales son sus pensamientos, emociones y creencias negativas que dictan su comportamiento en el presente. Si el objetivo es vivir una vida feliz y saludable, entonces el cambio requiere dejar atrás las creencias y emociones pasadas que bloquean su camino. Dejar ir no es fácil, pero lo que se puede lograr es que se mantenga enfocado en su visión.

Capítulo 5: Minimalismo y libertad financiera

En este capítulo, les voy a contar cómo la práctica del minimalismo tiene un impacto positivo en sus finanzas al gastar solo en lo esencial. En este capítulo encontrará respuestas a las siguientes preguntas:

- ¿Qué es la libertad financiera?
- ¿Cuáles son algunas verdades sobre la libertad financiera?
- ¿Qué etapas se atraviesan para alcanzar la libertad financiera?
- ¿Cuáles son las razones por las que muchos no logran alcanzar la libertad financiera?
- ¿Hay razones personales para no lograr la libertad financiera?

El principio básico del minimalismo de "menos es más" puede transmitir el mensaje de la frugalidad. El minimalismo, sin embargo, es mucho más que gastar menos y tener menos cosas. Mientras que el minimalismo predica sobre "gastar menos", la raíz de esta frase es reducir sus preocupaciones financieras para que pueda concentrarse en lo que más le importa.

En una sociedad en la que lo seducen los anuncios y los medios de comunicación para comprar productos, se encuentra rodeado de desorden en casa y en el trabajo. No necesita la mayoría de estas cosas. Piense en lo que podría haber hecho con el dinero que gastó en esas cosas si hubiera pensado en la compra.

De esto se trata el capítulo. Le dice cómo la práctica del minimalismo puede impactar en sus finanzas y ayudarle a gastar dinero en lo que importa. Al limitar su compra a lo esencial, usted ahorra dinero y gasta menos.

La libertad financiera en resumen

Hay gente cuyo propósito de trabajar duro es ganar dinero, y más dinero. La idea de tener más dinero es hacerse rico, creyendo que ser rico hace la vida más conveniente. El dinero se convierte en la fuerza motriz para tomar decisiones personales y profesionales. El dinero se convierte en tan consumidor que se convierte en la causa de fricción en las relaciones.

Con suerte, en este punto se da cuenta de que el dinero no lo es todo en la vida. Y empieza a pensar en cómo puede liberarse de la trampa del dinero y ser libre.

La libertad financiera es no tener que preocuparse por el dinero; es la libertad de las preocupaciones financieras. No tener que preocuparse por el dinero significa no permitir que el dinero juegue un papel dominante en su vida. La palabra clave aquí es "no permitir", en lugar de que el dinero influya en su comportamiento, en la libertad financiera, tome el control y no sea un esclavo del dinero.

Aquí hay algunos pensamientos para tener en cuenta:

- *La libertad financiera es más que ser rico.* Confundir los dos conceptos es fácil de entender, especialmente si solo se mira la superficie. Para muchos, ser rico lo hace libre de los problemas de la vida. Pero, la gente rica también tiene problemas. Problemas financieros aún mayores. Mientras que hay quienes ganan lo suficiente y se sienten libres.
- *No hay límite de gasto.* Si ha caído en la trampa del consumismo, entonces gastar se ha convertido en un hábito. Y para el gastador habitual, no hay límite para el gasto. A pesar de que si usted es rico como si no lo fuera económicamente y gasta más de lo que necesita, no está libre de dinero.
- *Ganar más dinero no le dará libertad financiera.* Ganar dinero es solo parte de la historia, no toda. Hay otras formas y elementos para alcanzar la libertad financiera en los que necesitas trabajar. Si se detiene a ganar dinero, no será libre financieramente. Estos elementos son:

- Un ingreso para mantenerse sin necesidad de trabajar. Este ingreso es automático que se obtiene de los ingresos pasivos, el ahorro de intereses, y la creación de un fondo de emergencia por valor de un año de ingresos.
- Gaste menos de lo que gane. El problema que la mayoría de la gente sufre hoy en día es gastar más de lo que gana. La presencia de tarjetas de crédito hace que gastar sea fácil, sin darse cuenta de que está gastando más de lo que gana. Antes de que se dé cuenta, está muy endeudado y lleno de estrés.
- Bajo umbral de pobreza. Antes de que levantes la ceja, el umbral de pobreza aquí es la cantidad mínima que necesitas para vivir una vida cómoda. No significa ir por debajo del umbral de pobreza. El bajo umbral de pobreza como se ve aquí es psicológico en perspectiva. Significa que está dispuesto a sacrificarse para hacer mayores y mejores cambios en su vida. Le hace reevaluar su vida y distinguir lo esencial de lo que no lo es.

Etapas de la libertad financiera

Por ahora, la libertad financiera es un sueño al que aspira para salir de la situación financiera en la que se encuentra. Trabajar hacia la libertad financiera es duro pero alcanzable. Lo ayudará en su viaje hacia la libertad financiera si piensa en lo que gana al final: autonomía financiera y autoexpresión. La autonomía financiera y la autoexpresión son valores que pueden llevarte hacia la felicidad en la vida.

Primera etapa - Usted es lo suficientemente solvente para cumplir con sus compromisos financieros. En esta etapa, ya no depende del apoyo financiero externo, ya que puede ganar más de lo que gasta. Y, usted había logrado salir de la trampa de la deuda. Cuánto tiempo se llega a esta etapa desde la dependencia es diferente para cada persona. Dependerá de lo duro que trabaje para este objetivo de solvencia.

Segunda etapa - Usted es financieramente estable en esta etapa. En esta etapa, ha pagado todas las deudas de los consumidores, tiene sus ahorros de emergencia y ha obtenido ingresos de ganancias personales. Las deudas de los consumidores se distinguen de las deudas buenas, como los préstamos hipotecarios o educativos.

Tercera etapa - Aquí puede elegir cómo vive y trabaja. Pagar sus deudas y reservar sus ahorros para emergencias lo ha liberado y le ha permitido hacer lo que desea. Ha ido más allá del punto de supervivencia y, si lo desea, puede dejar su trabajo y disfrutar de la vida. El dinero ya no es una fuerza dominante sino una herramienta para construir su vida. Este es un aspecto importante de la libertad financiera: estar libre de la influencia del dinero y cambiar su perspectiva para que tenga sentido en su vida.

Cuarta etapa - Aquí es donde se siente seguro sabiendo que sus ingresos de la inversión cubren sus necesidades básicas. La inversión podría provenir de los intereses de su ahorro ganados y de sus inversiones pasivas. La seguridad será una garantía para usted, siempre que continúe con las etapas anteriores de gastar menos que sus ingresos.

Quinta etapa - Usted es financieramente independiente en este momento. El dinero que tiene puede sostener su actual forma de vida. Al ser financieramente independiente, está libre de preocupaciones y puede vivir de la forma en que lo hace cuando llegue a este punto.

Sexta Etapa - Aquí es donde tiene suficiente dinero para su estilo de vida de ensueño y algo más. Ha llegado al punto en el que puede disfrutar de su actual estilo de vida y lo hace libre para hacer crecer un negocio, ir de gira y ver el mundo, y mimarse con lujos.

¿Por qué solo unos pocos tienen éxito en alcanzar la libertad financiera?

Muchos sueñan con la libertad financiera, sí, y muchos lo intentaron y fracasaron. Saber por qué la gente fracasa en sus intentos le preparará en su viaje hacia la libertad financiera.

- *Retraso en las decisiones para embarcarse en el viaje.* La postergación es un hábito mortal, pero la mayoría de la gente es culpable de esto. Sigue posponiendo para mañana un acto o una decisión hasta que es demasiado tarde para actuar.

- *Falta de autodisciplina.* Las distracciones de su entorno lo llevan a todas partes donde ha perdido el enfoque. Se desvía de su decisión de trabajar en libertad financiera. Es la falta de disciplina lo que le hace perder el compromiso con un objetivo. Necesita desarrollar buenos hábitos diarios que lo ayudarán a alcanzar su objetivo. Necesita hábitos de creación de objetivos para poder ahorrar, invertir y aumentar sus ingresos, para obtener la libertad financiera con la que sueña. Sin disciplina, es fácil caer en la trampa de la dilación y perderlo todo.
- *Perspectiva a corto plazo* - Este es el error de creer que la libertad financiera se alcanza a corto plazo. La libertad financiera es un proceso en el que hay que trabajar y que requiere sacrificio para cambios mayores. Esperarla demasiado pronto lo llevará a la frustración.
- *Sin perspectiva* - La mayoría de la gente vive el día a día, gastando sin pensar en sus implicaciones, viendo solo la gratificación de hoy. Los gastadores olvidan que el dinero gastado, pero cuando se ahorra podría ser una herramienta para vivir espléndidamente en el futuro. De esto se trata la financiación minimalista, retrasar la gratificación para un mañana más brillante. La gente

también tiene la noción equivocada de que ahorrar es un sacrificio y que no necesitan sacrificarse ahora ya que pueden trabajar para el mañana. Lo que los gastadores olvidan es que ahorrar es saber qué es lo que se quiere y acompañar este deseo con la acción apropiada.

Estar libre de preocupaciones financieras es algo grandioso que esperar. No es solo la libertad del aspecto del dinero lo que hace que el objetivo de la libertad financiera sea algo en lo que trabajar. La libertad financiera le brinda la oportunidad de vivir su vida al máximo, de la manera que pretendía.

Hay un par de notas para recordar cuando se embarca en su libertad financiera. Una es que lo que impide que las personas trabajen duro en esta libertad financiera son sus bloqueos mentales personales. Eliminar estos bloqueos mentales le mostrará el desarrollo y a tener confianza en sus habilidades. La otra nota es que la mayoría de estos bloqueos mentales son suyos. Crea sus miedos que le impiden actuar.

Por lo tanto, dado que estos bloqueos provienen de su interior, tiene el poder de convertirlos en pensamientos y acciones positivas. Haga esto y estará en camino a la libertad financiera.

Capítulo 6: Minimalismo y Desclasificación

En este capítulo, voy a hablarles sobre el impacto positivo del minimalismo en la desclasificación de su espacio, tanto en el aspecto físico como en el psicológico de un individuo. El capítulo proporciona respuestas a las siguientes preguntas:

- ¿La desclasificación se limita a dar espacio físico?
- ¿Cuáles son las razones subyacentes por las que la desclasificación es difícil de hacer?
- ¿Cuáles son los efectos de la desclasificación?
- ¿Qué obtengo de la desclasificación?
- ¿Qué guías puedo seguir en la desclasificación?

La desclasificación es la moda del día y muchos se están dando cuenta. Pero no todos entienden realmente qué es la desclasificación y por qué su uso. Muchos creen que la desclasificación es solo limpiar cosas para tener más espacio para moverse. Los efectos psicológicos de la desclasificación no se ven ni se reconocen.

Otro aspecto importante que se ha pasado por alto en la simple interpretación de la desclasificación es su alcance. La desclasificación también se aplica al desorden en su cabeza, la sofocante presencia de personas no deseadas a su alrededor, el aluvión de información que recibe de los medios de comunicación y los medios sociales, y el desorden de ideas en su cerebro que lo abruman. También puede desordenar sus emociones negativas, actitud, hábitos desarrollados en el pasado y que le arrastran hacia abajo.

La desclasificación afecta a toda su vida y cuando logra desclasificación, puede que le sorprenda ver lo libre que se ha vuelto para perseguir sus propios propósitos y ser feliz en la vida.

Las razones subyacentes del desorden

Mira a su alrededor y se siente consternado al ver todo el desorden que ocupa su espacio físico, en casa o en su lugar de trabajo. El desorden físico es obvio; lo que se esconde es el desorden emocional y mental que trae el estrés a su vida diaria. Entonces, ¿qué es lo que hace difícil deshacerse de todo el desorden en su vida? ¿Y cuáles son las razones por las que el desorden se sigue acumulando?

Los estudios sobre el concepto de adquisiciones materiales muestran que el desorden es una mentalidad. Esta mentalidad hace su aparición en un escritorio desordenado, estantes abarrotados, pilas de libros y armarios desbordados. Dado que el desorden es una forma de pensar, la fuente es interna o se encuentra dentro del individuo.

Pero ¿cuáles son las razones subyacentes para permitir que las posesiones llenen en exceso un espacio?

1) Las trampas de un mundo materialista hacen que las posesiones materiales sean difíciles de resistir. Los trabajos de los medios de comunicación y la publicidad hacen más difícil decir no a lo nuevo en el mercado.

2) Los apegos emocionales a las posesiones se convierten en su equipaje emocional. Las cosas que compra una persona poseen recuerdos, simbolizan los sueños de un individuo. Dejar de lado estas posesiones significa dejar de lado esos recuerdos retenidos y olvidar sus sueños.

3) Desechar los artículos podría significar una admisión de debilidad. Hay que admitir que la compra fue innecesaria o regalar un vestido que ya no le queda bien es admitir la derrota al perder peso. Es fácil seguir los sentimientos de culpa.

4) Y, hay miedo. Miedo de que, si tiramos un objeto, nos arrepintamos después. Miedo a sentirse culpable por gastar dinero en un artículo innecesario o culpa por saber que podría haber usado el dinero en artículos más esenciales.

Lo que se gana con la desclasificación.

1. *Oportunidad de concentrarse en lo que importa.* Con el espacio creado al eliminar el desorden, puede concentrarse en las tareas que tiene a la mano. Observe cómo el desorden a su alrededor lo distrae de hacer lo

que tiene que hacer. Se distrae a menudo y no pasa nada. Ya sea que el desorden esté en su oficina o en su casa, el desorden le impide concentrarse y procesar la información.

2. *Mejorar la creatividad.* Un estudio realizado sobre la creatividad muestra que un espacio despejado ayuda al proceso creativo. Imagínese que es un escritor y tiene que trabajar en medio de varios estímulos, como la tarea de escribir, el desorden en su escritorio y los medios sociales. El desorden que se produce simultáneamente causa estrés y reduce su creatividad y productividad.

4. *Tiene un sueño reparador.* Los trabajos sin terminar hacen que en las noches no pueda dormir. Se preocupa por los plazos, la necesidad de hacer cien cosas y nunca poder completar una. Estas tareas inacabadas hacen sus noches de insomnio. Sin la distracción del desorden, puede terminar lo que necesite y tener un sueño reparador. Y, un sueño reparador beneficia su salud.

5. *Sin desorden significa un estado de ánimo positivo.* ¿Nota que estar en medio del desorden lo pone de mal humor? El desorden es un ruido visual que puede ser molesto. Un estudio hecho en California encontró que el desorden afecta el humor y la autoestima. Esto es especialmente el caso de las mujeres. El estudio encontró una relación entre los niveles de estrés y el número de objetos del

hogar. Por lo tanto, puede ver el desorden como una señal de que no todo está bien en su vida.

5. *Dejar ir su pasado.* La desclasificación tiene un impacto psicológico en las cosas. Una de las razones por las que una persona no puede dejar de lado las cosas son las emociones que le acompañan. Algunas cosas le recuerdan un momento significativo del pasado o fueron un regalo de alguien especial. Necesita evaluar las cosas y el valor que tienen para usted ahora. O podría empezar con algo menos emocional y trabajar en retos más grandes.

6. *Puede concentrarse en sus objetivos.* Sin el desorden que lo distrae, puede concentrarse en sus objetivos. El espacio que ha creado puede darle una visión clara de sus metas y la oportunidad de ampliarlos para garantizar su éxito.

Guía para ayudarlo a desclasificar

1. *Poner fin a las cosas que entran.* A menudo, una persona se desvincula solo para comprar más cosas y de esa forma reemplaza las que se tiraron. Necesita una disciplina estricta para comprometerse a ordenar y abstenerse de comprar cosas. Podría no comprar tanto, establezca un plazo (por ejemplo, no comprar durante un mes). Cuando pase el mes sin hacer una compra,

puede extender esto hasta que tenga un propósito, es decir, compre solo lo que necesita.

2. *Guarde un artículo al día.* La desclasificación no tiene por qué ser un proceso frenético. Hay ventajas en la declinación de un artículo al día. Esta táctica le facilita tirar las cosas, especialmente las que tienen valor sentimental. No tendrá que pasar mucho tiempo del día para desclasificar y hacer otras cosas en su lugar, de un artículo se hace más fácil ir a decisiones más difíciles. Si hace esto, con el tiempo la desclasificación será fácil.

3. *Tenga un plan de eliminación.* Compruebe cuáles de sus artículos puede vender, reciclar o donar. Puede tener un lugar o caja para cada categoría y colocar un artículo en cada caja todos los días. Cuando se prepare para la eliminación, la tarea se vuelve fácil.

4. *Desclasifique sin culpa ni obligación.* Desclasificar debe ser una tarea de celebración y no algo que le haya sido dictado por la gente u otras influencias. Es una conclusión porque el espacio que crea después de la desclasificación le da la libertad de hacer lo que quiera con el espacio. Tener sentimientos de culpa solo le impedirá alcanzar su meta y seguir adelante.

5. *No dude en dejarlo ir.* Aferrarse a las cosas es comprensible, pero puede evitar este problema centrándose en lo que necesita y no en lo que quiere. Las

cosas pueden parecerle útiles en este momento, pero al reflexionar pueden mostrar que no añaden valor a su vida y a su felicidad.

Conclusión

La respuesta es el resultado de una crisis intuida, y cuando la respuesta se encuentra efectiva, se extiende hasta que se convierte en una tendencia. Tal es el caso del Minimalismo. La cultura del "más es más" es la influencia dominante de la sociedad actual, atrayendo a la gente hacia ella. En la era de los medios de comunicación y los anuncios que presentan una realidad con guion, la gente no puede evitar ser atraída hacia ella. Pero "más es más" tiene sus consecuencias adversas que afectan a muchos haciéndoles la vida miserable. Esta condición es lo que empuja a la gente a buscar alivio.

El minimalismo como contracultura es visto por la gente como un movimiento o una forma de vida. En el núcleo del minimalismo está la creencia de que "menos es más", lo opuesto a "más es más". Para no confundir el significado del minimalismo, "menos" es más grande en alcance, tocando a los que son invisibles, como los valores positivos del amor, la esperanza, la belleza, la generosidad y la fe.

No es fácil cambiar de lo que es familiar a lo que es nuevo. El cambio puede ser doloroso e incluso estresante. Habrá momentos en los que dudará y cuestionará su decisión de vivir una vida minimalista. Cuando lo haga, mire su situación actual y compárela con una vida en el futuro libre de preocupaciones y ansiedades. Concéntrese en la visión y cumpla sus objetivos.

Consciencia plena

Navegue su día a día usando la nueva ciencia de la salud y la felicidad

DESCRIPCIÓN DEL LIBRO

Somos lo que nuestra mente es. Esto ha sido una conclusión inequívoca desde tiempos inmemoriales. Sin embargo, el tema de nuestra mente nunca ha sido más relevante como ahora. Estamos experimentando varias situaciones que requieren fuerza mental para la supervivencia de la raza humana. Desafortunadamente, al igual que nuestros cuerpos, nuestra mente está amenazada por enfermedades mentales complejas.

La consciencia es uno de los remedios probados para tratar la enfermedad mental, que se está agudizando cada vez más con el paso del tiempo.

Este libro, "*Consciencia plena: Navegue su día a día usando la nueva ciencia de la salud y la felicidad.*" comienza introduciéndole en el tema de la consciencia plena, sus metas, razones, objetivos e importancia.

Enfocarse y concentrarse es la parte esencial de la consciencia. Este libro revela las estrategias clave para practicar la consciencia plena. También lo llevará a través de todo el proceso paso a paso de la práctica de la consciencia plena, de formas que podrá seguir e implementar fácilmente.

Muchas personas se han convertido en víctimas de la complejidad de la modernidad. En esta complejidad, nuestra mente ha sido bombardeada con creencias tóxicas que la corrompen. Como consecuencia, hay muchas personas que sufren enfermedades mentales. Los principales síntomas de las enfermedades mentales son el estrés y la preocupación; la ira y el dolor algunos de los efectos y consecuencias. Este libro revela los pasos prácticos sobre cómo usted puede sanar su mente para superar el estrés y la preocupación y, en consecuencia, controlar su ira y curarse a sí mismo.

La compasión es una de las mayores víctimas de la modernidad. La avaricia desenfrenada, caracterizada por una acumulación material excesiva, y mientras que otros apenas satisfacen su necesidad de supervivencia desnuda, son signos de la pérdida de compasión; esto es también otro síntoma de enfermedad mental. Para poder recuperar la compasión y así promover la paz, hay que curar la mente. En este libro se hace hincapié en la importancia de la compasión y se explica cómo la consciencia puede ayudarle a recuperarla.

Por último, pero no menos importante, la práctica hace a la perfección. La consciencia es una práctica de toda la vida. Para entrenar la mente, hay que cultivar los hábitos que le permitan practicar la consciencia en cada momento. Este libro revela los seis hábitos que necesitas cultivar para tener éxito en este esfuerzo diario.

Disfrute de su lectura.

REGALO INCLUIDO

Si usted es un empresario, aspira a serlo, o es alguien que está tratando de crear un flujo de ingresos adicionales, o incluso alguien que solo ama los libros de autoayuda, entonces tiene que leer mis recomendaciones sobre los 10 mejores libros de negocios de todos los tiempos. Estos son los libros que he leído y que han cambiado mi vida para mejor.

Los 10 mejores libros de negocios

SOBRE EL AUTOR

George Pain es un empresario, autor y consultor de negocios. Se especializa en la creación de negocios en línea desde cero, estrategias de ingresos de inversión y soluciones de movilidad global. Ha construido varios negocios desde cero y le entusiasma compartir sus conocimientos con los lectores. Aquí hay una lista de sus libros.

Libros de George Pain

DESCARGO DE RESPONSABILIDAD

Derechos de autor © 2017

Todos los derechos reservados.

Ninguna parte de este libro puede ser transmitida o reproducida en ninguna forma, incluyendo la impresa, electrónica, fotocopiada, escaneada, mecánica o grabada sin el permiso previo por escrito del autor.

Si bien el autor ha hecho todo lo posible por garantizar la exactitud del contenido escrito, se aconseja a todos los lectores que investiguen la información aquí mencionada por su cuenta y riesgo. El autor no se hace responsable de ningún daño personal o comercial causado por la información. Se alienta a todos los lectores a que busquen asesoramiento profesional cuando lo necesiten.

INTRODUCCIÓN

No hay mayor poder que el poder de la mente. Sin embargo, muchos de nosotros buscamos soluciones para lograr nuestras grandes aspiraciones. La falta de satisfacción, la paz y la felicidad son todas sensaciones internas. Son todos síntomas de enfermedad mental. Sin embargo, no encontrará un hospital en el que le prescriban una solución para la enfermedad mental. ¿Por qué? Simplemente porque se ocupan de las enfermedades del cuerpo, que, en cierta medida, podrían ser solo síntomas de la enfermedad de la mente.

En este libro, encontrará no solo la solución de la mente sino también la clave de esa solución. La solución está bien dentro suyo. Todo lo que necesita para acceder a esa llave se le proporciona en este libro. Sí, aprenderá a recuperar la concentración y el enfoque, a manejar la ira y el dolor y, en última instancia, ser capaz de lidiar con el estrés y la preocupación. Todos estos son los síntomas más comunes de las enfermedades mentales. Sin embargo, para tener una solución duradera, inevitablemente necesita promover la compasión y la paz. Toda persona que se ha medido alguna vez en grandeza - profeta, gurú, sabio, entre otros- tiene este atributo común: la compasión.

Practicar la consciencia debe volverse un hábito. Sin embargo, no todos los hábitos llevan a la consciencia. En este libro, aprenderá los seis hábitos que hay que cultivar para poder alcanzar la consciencia plena en todos y cada uno de los momentos.

Siga leyendo.

¿QUÉ ES LA CONSCIENCIA PLENA?

La mente siempre ha sido el código secreto para desenredar los mayores desafíos de la humanidad. Los grandes filósofos, profetas, sabios y gurús siempre han aludido al poder de la mente. Su grandeza vino de sus habilidades para entender este poder y utilizarlo para resolver los mayores desafíos de la humanidad de sus respectivos tiempos.

La consciencia sobre la mente ha fascinado a muchos. Con respecto a ella, hay varias escuelas de pensamiento. Sin embargo, la mayoría acuerda en que la mente determina en quiénes nos convertimos y cómo interactuamos con nosotros y nuestro entorno. La atención, siendo una actitud mental peculiar, se ha convertido en un componente inevitable de esta consciencia.

Entonces, ¿qué es la consciencia plena?

La consciencia plena es un estado de autoconsciencia de manera abierta, cuidadosa y consciente, libre de cualquier juicio.

El objetivo de la práctica de la consciencia plena

El objetivo de la práctica de la consciencia plena es experimentar la vida en el momento, en toda su extensión. Experimentar una vida en su plenitud significa;

- Vivir plenamente en el momento sin dedicar parte de este vivir ni al pasado ni al futuro.

- Ser consciente de la vida tal y como se vive, de tal manera que ninguna parte de ella se desperdicie (manteniendo los apegos al pasado o desarrollando apegos al futuro).

- Exponerse a experimentar plenamente el momento del ahora sin reservas indebidas.
- Experimentar cada momento sin adjuntar nuestra identidad a él. Cuando le atribuye su identidad al momento, esta se va al pasado con usted.

Los ingredientes clave de la consciencia plena

1. Ser libre para experimentar el momento del ahora.
2. Estar libre de juicio.
3. Estar libre de apego.

Ser libre en el ahora

Ser libre en el ahora significa simplemente que usted aplica la plenitud de su conciencia al momento del ahora. Ser libre para experimentar el momento del ahora asegura que no reparta parte de su consciencia a lo que pasó ayer. Del mismo modo, ser libre para el momento del ahora le permite no asignar parte de su consciencia a lo que debería suceder mañana. Ser libre y estar presente en el ahora, significa que no está controlado ni por el ayer ni por el mañana. Solo siendo libre para experimentar el momento puede estar completamente presente en el ahora. De lo contrario, estará parcialmente presente en el ahora, lo cual no es más que una condición de su optimismo.

Estar libre de juicio

Estar libre de juicios significa simplemente que no vincula sus opiniones a los acontecimientos del ahora, sino que actúa como un observador independiente de los acontecimientos sin perturbarlos con sus preferencias y prejuicios. Las opiniones, las preferencias y los prejuicios se basan en juicios que utilizan criterios de experiencias pasadas y, por lo tanto, ya están obsoletas y no pueden aplicarse al momento de frescura. Estos juicios son como plagas que empiezan a atacar la frescura del ahora, y, por lo tanto, la convierten en decadencias del ayer. Una vida vivida en plenitud es una vida vivida con la frescura de estar presente en el momento del ahora.

Estar libre de apego

Estar libre de ataduras es la mayor de todas las libertades. Estar libre de apegos no significa necesariamente que no esté apegado; sino que tiene poder sobre esos apegos de tal manera que no lo esclavizan. Los apegos pueden causarle dolor. Son como las anclas de una nave que ya se ha embarcado. El resultado es una lucha constante por seguir adelante sin experimentar ningún movimiento, salvo el estancamiento.

Estar libre de ataduras significa que su poder para atar y separar está totalmente bajo su control. Cuando se tiene el poder de apegarse sin un poder de separación, uno se convierte en un esclavo de los apegos. Un ejemplo de situaciones en las que usted se puede convertir en esclavo de los apegos son las adicciones. Otro escenario en el que pierde el poder de desprenderse es cuando todavía, por ejemplo, se aferra a una relación fallida de la que su consciencia le sigue diciendo que debe desprenderse. En esencia, usted es adicto a esa relación como lo sería a los cigarrillos, la cocaína, la heroína y todo tipo de drogas adictivas.

Los beneficios clave de la consciencia plena

La consciencia plena tiene beneficios ilimitados que atraviesan todas las esferas de la vida. Los principales beneficios son:

- La consciencia plena aumenta su nivel de consciencia.

- La consciencia plena le permite estar totalmente presente en el momento del ahora.

- La consciencia plena le permite aprender a distinguir entre usted y sus pensamientos.

- La consciencia plena le permite estar más conectado a su ser, a la naturaleza de los seres y a la naturaleza de las cosas.

- La consciencia plena le permite estar en armonía con su ser, la naturaleza de los seres y la naturaleza de las cosas.

- La consciencia plena permite desarrollar la autoaceptación, lo que produce autocontención y autocompasión.

- La consciencia plena le permite aprender que la vida es dinámica y que, por lo tanto, todo cambia, de manera que los pensamientos y sentimientos vienen y van.

- La consciencia plena le permite experimentar la calma y la tranquilidad.

- La consciencia plena le permite experimentar un mayor equilibrio en sus emociones y reacciones, permitiéndole así liberarse del caos de los picos y estallidos emocionales.

- La consciencia plena le permite ser consciente de lo que está tratando de evitar subconscientemente y así ser capaz de desenterrar y enfrentar sus miedos.

Exploraremos más estos beneficios a medida que aprendamos sobre la importancia de la consciencia plena en esferas específicas de la vida cotidiana.

Las razones principales por las que debería practicar la consciencia plena...

Las razones principales por las que debería practicar la consciencia son inmensas. Practicar la consciencia plena le permitirá;

- Cultivar la satisfacción.

- Construir la autoconfianza.

- Dominar la propia mente.

- Vivir el momento presente.

- Obtener el "poder de ser uno mismo".

Cultivar la satisfacción

La satisfacción es una condición que existe cuando se es plenamente consciente del presente. Es un despertar que ve la irrelevancia del ayer y el mañana para el disfrute del presente.

Construir la autoconfianza

Sin confianza en usted mismo, vivirá con miedo. El miedo se deriva de las experiencias pasadas que se aplican al presente y/o se extrapolan al futuro. La confianza en uno mismo es una condición que existe cuando uno se siente lo suficientemente preparado para experimentar plenamente el momento del ahora.

Domina la propia mente

Usted necesita dominar su mente. Sin la mente, la consciencia plena sería una tarea desalentadora. Sin la consciencia, la mente lo depondrá y se convertirá en su maestro.

Vive el momento presente

Vivir en el momento del ahora es liberarse de las dos cargas injustificadas: el "ayer" y el "mañana". Vivir en el momento del ahora lo convierte lo suficientemente ligero como para caminar en el presente mientras este se revela.

Obtener el "poder de ser uno mismo"

Su mente tiene un mapa que ha sido modelado por la cultura, las tradiciones y las experiencias pasadas, que no le permite la libertad de experimentar un camino inexplorado. En cambio, lo guía a transitar un camino ya predeterminado. Aun así, nunca podrá tener el "poder de usted mismo" si es dirigido por otras personas a través de un mapa mental creado por su cultura, tradiciones y enseñanzas. Tiene que liberarse de sus mapas mentales para experimentarlo.

Los objetivos clave de por qué debe practicar la consciencia plena

Los objetivos de la práctica de la consciencia plena varían de una persona a otra. Sin embargo, independientemente de su situación, los siguientes objetivos son los más importantes:

- Aumentar la consciencia de uno mismo.

- Elevarse por encima del control de la mente.

- Experimentar una vida plena,

- Ser feliz.

Importancia de la consciencia

La consciencia es importante para su bienestar general. Esto incluye su:

- Bienestar físico.

- Bienestar psicológico.

- Bienestar emocional.

La importancia de la consciencia plena en su bienestar físico

La consciencia le permite desarrollar una consciencia consciente de su cuerpo. Esto se logra mediante ser:

- Consciente de su respiración.

- Consciente de los latidos del corazón.

- Consciente de su postura y forma.

- Consciente de su alimentación.

Cómo ser consciente de su respiración puede mejorar su bienestar físico

Ser consciente de su respiración le permite respirar más profundamente y con mayor regularidad. Los estudios han demostrado que respirar más profundo ejercita el pecho. Además, le permite adquirir más oxígeno, y a medida que su pecho se expande, se amplía la superficie para la absorción del oxígeno que entra al torrente sanguíneo. La espiración profunda elimina el "aire" caducado que se ha quedado sin oxígeno y que contiene gérmenes no deseados en el pecho.

Cómo ser consciente de los latidos del corazón puede mejorar su bienestar físico

Su respiración ayuda a regular los latidos del corazón. Cuando se es consciente de los latidos del corazón, se puede regular la respiración para ayudar a conseguir los latidos deseados. Un latido lento es tan peligroso como un latido extremadamente alto. Si usted fuera consciente de que sus latidos son demasiado bajos, probablemente daría un paseo más rápido o correría para aumentarlos. En caso de que se dé cuenta de que son extremadamente altos, haría algo para relajarse.

La detección de latidos anormales frecuentes también le permitiría buscar consciencia médica con suficiente antelación. Esto puede ayudarle a revertir la aparición de enfermedades cardíacas como la hipertensión.

Cómo ser consciente de su postura y forma puede mejorar su bienestar físico

Ser consciente de su cuerpo le permite detectar hasta las más mínimas molestias en su postura. Se sabe que la mala postura contribuye a muchos dolores de cuerpo, como el dolor de espalda, cuello, articulaciones, cabeza, entumecimiento de las extremidades y mala circulación sanguínea (incluyendo la coagulación de la sangre hasta límites extremos).

Una mala postura no permite que su mente esté serena, y puede causar tensiones emocionales. La mala postura lleva a una deformación del cuerpo, como una flexión antinatural de la espalda, por ejemplo. La consciencia le permitirá ajustar su cuerpo a su comodidad natural, evitando así muchas complicaciones físicas. La consciencia también puede incitarlo a hacer ejercicios para aliviar la tensión de los músculos del cuerpo.

Cómo ser consciente de su alimentación puede mejorar su bienestar físico

Estudios afirman que alrededor del 70% de las enfermedades son causadas por una mala alimentación. Ser consciente de lo que consume le permitiría conocer las consecuencias del tipo de comida con el que se alimenta. En ese caso, por ejemplo, usted podría ver que consume más azúcar que lo que su cuerpo necesita, utiliza sal en exceso; ingiere mucha grasa, comida poco nutritiva, y que su alimentación no es equilibrada.

Además, tener una alimentación apropiada es solo una cara de la moneda. La digestión y la absorción en el cuerpo es la otra cara crucial que no se puede ignorar. Estudios han indicado que consumir alimentos subconscientemente podría resultar en indigestión, trastornos estomacales y mala absorción. Para que los alimentos seas digeridos y absorbidos correctamente, su cerebro tiene que activar ciertas hormonas para liberar los químicos necesarios para que sucedan la digestión y la absorción. Como la mente es su subconsciente, no se puede optimizar tal desencadenante.

La importancia de la consciencia plena para su bienestar psicológico

El bienestar psicológico se logra cuando la consciencia y autoestima se optimizan hasta tal punto que se puede experimentar la libertad y la realización. Es experimentando la libertad y la realización cuando uno se siente feliz.

La importancia de la consciencia plena para su bienestar emocional

Su bienestar emocional depende de factores fisiológicos y psicológicos. Se sabe que la falta de bienestar físico debido a la ausencia de ejercicio puede desencadenar un estado de depresión. Del mismo modo, se sabe que la falta de autoestima también contribuye a la depresión, que se manifiesta en el abandono de uno mismo, la autocompasión y las tendencias suicidas.

CÓMO RECUPERAR EL ENFOQUE Y LA CONCENTRACIÓN

La consciencia se trata de recuperar su enfoque y aumentar su concentración para mantenerse en el momento actual.

Entender de qué se trata la consciencia es el primer hito en el camino de la consciencia. Entender por qué debe practicar la consciencia plena es el segundo. El tercero es saber cómo practicar la consciencia plena.

La forma de practicar la consciencia plena implica tres niveles clave:

- Estrategias.
- Procesos y procedimientos.
- Ejercicios.

Las estrategias clave para la práctica de la consciencia plena

Las siguientes son las estrategias clave para practicar la consciencia plena:

1. Evitar la ansiedad.
2. Concentrar su consciencia en el ahora.
3. Aumentar su poder de conectar y desconectar.
4. No juzgar.

Las etapas clave en el proceso de la práctica de la consciencia plena

La siguiente declaración representa una secuencia de eventos en forma analógica que explica el proceso de practicar la consciencia plena.

¿LLUEVE? ¡DETÉNGASE! Descanse, medite.

Las etapas clave en el proceso de la práctica de la consciencia plena son:

- ¿LLUEVE?
- ¡DETÉNGASE!
- Descanse
- Medite

LLUVIA

La etapa de la lluvia tiene varios pasos que van en conjunto con las palabras que forman el acrónimo R.A.I.N.

- Reconocer
- **<u>Aceptar</u>**
- Investigar
- No identificarse

Reconocer

Necesita reconocer el surgimiento de una emoción fuerte. Al reconocer la presencia de una fuerte emoción, entonces se encuentra en el momento de embarcarse en la siguiente etapa.

Aceptar

Después de reconocer la presencia de una emoción fuerte, acepte su existencia. Acéptelo como un flujo de energía dentro suyo. Como un océano, abraza esa fuerte emoción como una ola que se aproxima y como cualquier otra ola, se deja pasar sin buscar confrontarla o montarla.

Investigar

Una vez que reconozca la existencia de la ola de fuertes emociones, investigue su fuente. ¿Qué ha causado esta fuerte emoción? Analizándola como una ola en el océano, se dará cuenta de que cada ola tiene su propia causa; podría ser un choque sísmico en el fondo del océano, una erupción volcánica, un fuerte viento, entre otros. Investigando la emoción, usted cava profundamente en la fuente subyacente para desenterrarla. Los pasos clave del proceso de investigación son:

- **Observar**: Observar sin adjuntar su identidad a la ocurrencia.

- **Explorar**: Explorar la ocurrencia sin perturbarla.

- **Aprender**: Recopilar información y derivar lecciones de su exploración sin adjuntar a ella sus opiniones e identidad.

- **Comprender:** Comprender las lecciones aprendidas durante la exploración.

- **Apreciar**: Apreciar que, en efecto, la ocurrencia fue necesaria para aprender.

- **Aceptar**: Aceptar que los eventos tenían que ocurrir de la manera en que ocurrieron sin recurrir a la necesidad de culparse o ejercer juicios.

- Respeto: Respetar los pasos que ha dado hasta ahora y a usted mismo para tratarlos de forma concluyente.

No identificarse

No identificarse hace referencia a ser neutral ante los acontecimientos. Así como observa una ola moverse en el océano y se da cuenta de su belleza, y aun así sigue con su vida, aprecie su fuerte emoción de la misma manera, y déjela pasar sin identificarse con ella.

STOP

Al igual que RAIN, STOP también es un acrónimo que significa:

- **Detener** (lo que está haciendo).
- Tomar (un respiro).
- Observar (sus pensamientos, sentimientos y emociones).
- **Proceder** (a lo que deba hacer ahora).

Dejar de hacer lo que se está haciendo

Stop es una palabra poderosa en la consciencia. Ser capaz de parar cuando se debe es, en realidad, estar a cargo de su propia mente. Cuando la mente comience a vagar hacia el pasado, deje de moverse con ella. La mejor manera de dejar de hacerlo es tomar un respiro. Obviamente, ya está respirando; intente inspirar profundamente con plena consciencia.

Tomar un respiro

Respirar profundamente es importante; es reconocer que se ha estado corriendo con la mente y que se ha llegado a la línea de meta. La mente es como el viento y no se puede tener control sobre ella. Deje que ella se mueva más allá de la línea de meta mientras usted se detiene para comprometerse con su autoconsciencia.

Observar los pensamientos, sentimientos y emociones

Al observar sus pensamientos, usted es capaz de actuar independientemente de ellos. Lo mismo ocurre con las emociones. Al observarlas, no se identificará con su mente, sino que buscará mirarla independientemente. Mediante esta observación, puede reunir el valor para desprenderse de ella y proceder a hacer otra cosa que esté en el presente.

Proceder

Proceda a otra cosa que lo distraiga en el momento. Si tiene sentimientos de tristeza, llame a un amigo. Hable con él. Su amigo podría ser el antídoto para estas emociones negativas.

Descansar, relajarse

La relajación es el precursor de la meditación, aunque también puede tener lugar después de meditar.

Meditar

La meditación es el proceso de volver a un estado de ser por el cual se optimiza la autoconsciencia. Cuando medite, será capaz de dejar de seguir los mapas arraigados en su mente para poder llevar a cabo las rutinas diarias. Con la meditación, será capaz de reconectarse con su ser interior y reflexionar desde dentro.

Ejercicios de consciencia plena para ayudar a recuperar la concentración y el enfoque

Los siguientes ejercicios son importantes para desarrollar la consciencia plena o *Mindfulness*. No responden a ningún orden en particular, sino a ayudarle a recuperar la concentración y la consciencia.

Ejercicio 1: Un sonido particular del ruido.

Si se encuentra en un ambiente ruidoso, puede elegir un sonido en particular al que prestarle consciencia. Podría activarlo usted mismo, como el zumbido de su reloj, por ejemplo. Alternativamente, si hay un sonido persistente como el de un pájaro, una rana o una gallina, o cualquier otro sonido persistente, téngalo en cuenta. No obstante, el mejor sonido es el que proviene de una fuente natural.

Pasos:

1. Siéntese cómodo y tranquilo.

2. Cierre los ojos, si lo siente necesario.

3. Seleccione el sonido particular en el que quiere enforcarse.

4. Escúchelo.

5. Sienta su tempo, su madera y resonancia.

6. Solo sienta sus ondas vibrar a través de su cuerpo.

7. Sienta cómo responde su cuerpo y el mensaje que descifra.

Durante el proceso, deje que los pensamientos provocados por el ruido (sonidos no deseados) pasen y se vayan. Reconózcalos, pero no les dé ningún significado.

Ejercicio 2: Observe los latidos de su corazón.

1. Siéntese en una posición cómoda y serena.

2. Relaje los músculos del cuerpo, y más aún los del pecho.

3. Sienta los latidos de su corazón.

4. Concéntrese en el latido de su corazón. Empiece a contar los latidos por un tiempo; tal vez hasta 60 latidos, solo para ayudar a su mente a concentrarse en el corazón.

5. Una vez que la mente se centre en los latidos del corazón, deje de contar y siga sintiendo los latidos.

Deje que los pensamientos arrasen: vienen y van. No les dé importancia. Solo reconózcalos como lo que son, pensamientos, y déjelos ir.

Ejercicio 3: Enfoque su mente en el sabor del alimento que come.

1. Prepárese o compre una comida deliciosa.

2. Siéntese cómodamente y relájese un momento.

3. Lleve la comida a la boca en pequeños trozos.

4. Mastique mientras maximiza su consciencia a cómo sabe.

5. Sienta los diferentes sabores del trozo de alimento que está masticando.

6. Trágatelo después de masticar lo suficiente,

7. Asegúrese de que pasar completamente el trozo que tiene en la boca antes de tomar otro.

8. Repita los pasos (3) a (7) hasta que haya tenido suficiente.

Mientras coma, manténgase alejado de la música, televisión, conversaciones y otras distracciones. La atención debe centrarse en la comida. Dese cuenta de la importancia de la comida para su naturaleza de ser. Descubra cómo esta actividad es la segunda más sagrada de todas las actividades (por supuesto, después de la neumática - la respiración). Solo entregue sus pensamientos a ella durante al momento de comer. Nada es más sagrado que el aire que respira y la comida que ingiere, ¡nada!

Ejercicio 4: Observe su respiración.

1. Siéntese en una posición cómoda y serena.
2. Observe sus inhalaciones y exhalaciones.
3. Sienta el flujo de aire que entra por sus vías aéreas.
4. Sienta al aire golpear las paredes nasales y la faringe.
5. Sienta el flujo de aire hacia la parte más profunda de la inhalación.
6. Sienta cómo se apaga el aire.
7. Siéntalo llegar al momento más débil, el de su salida.

Mientras observa su respiración, los pensamientos pueden ir y venir. No les preste mucha atención. Deje que se vayan como vinieron. Como un aire claro, inodoro, sin forma e ilimitado, deje que su mente sea.

Ejercicio 5: Centre la mente en un aroma/olor en particular.

Consiga un aroma orgánico saludable que reconozca. Puede utilizar un aroma de un aceites esencial.

Pasos:

1. Siéntese en una posición cómoda y relajada.
2. Abra un frasco de perfume y póngalo delante suyo.

3. Cierre los ojos.
4. Una vez que sienta el olor, haga una inhalación profunda y lenta.
5. Deje que fluya dentro de su entorno.
6. Siéntalo entrar en sus fosas nasales y cómo se extiende a través de sus nervios hacia el cerebro y al corazón.
7. Sienta cómo se apodera del resto de su cuerpo.
8. Sienta su magia relajante en los músculos.

Ejercicio 6: Cambie a su vista interior.

Puede optar por cerrar los ojos.

Pasos:

1. Utilizando su vista interior, mire hacia la corona de su cabeza.
2. Escanee a través de su cráneo, como si sus ojos internos fueran una especie de antorcha de luz.
3. Escanee el cerebro, y baje por las fosas nasales y por la boca hasta la garganta.
4. Extienda el escáner desde un hombro por todo el brazo, hasta los dedos de la otra mano, y luego hacia atrás hasta el hombro y hacia el pecho.
5. Escanee hacia el interior del corazón.
6. Baje hasta el hígado y luego llegue al estómago.

7. Escanee los riñones.

8. Escanee el hueso pélvico.

9. Baje explorando por un miembro inferior y a través del muslo hacia abajo, pasando por la rodilla y luego proceda al pie, pasando por el tobillo.

10. Salga por los dedos de los pies y entre en el otro miembro inferior a través de la base, y repita lo mismo, pero en dirección inversa hasta llegar de nuevo a la pelvis.

11. Suba con el escáner desde la pelvis hasta la médula espinal.

12. Desde la médula espinal, siga por las vértebras hasta el cráneo a través de los huesos, y llegue de vuelta a los ojos.

En este proceso, reconozca los pensamientos que fluyen, y si vienen, déjelos ser - simplemente pensamientos. Despréndase de ellos.

Ejercicio 7: Sienta el tacto de su amada mascota (también puede ser su pareja).

1. Sostenga a su amada mascota.

2. Si es un gato o un perro, haga como si sostuviera a un bebé que quiere dormir.

3. Sienta su piel, sienta su calor.

4. Sienta su aliento.

5. Sienta sus latidos y las vibraciones del flujo sanguíneo.

6. Observe cómo se entrega a usted en paz y serenidad. Sienta lo mismo correr dentro suyo.

7. Sienta sus almas sincronizadas en esta paz, calma y serenidad.

Deje de lado todos los pensamientos. Déjelos pasar tal como vienen. Solo enfóquese en la paz, calma y serenidad que está experimentando actualmente. Aprecie que las relaciones pueden, a veces, ser sanadas simplemente estando en calma, en paz y alejándose de los pensamientos sobre ellas.

GESTIONAR LA IRA Y EL DOLOR

La ira y el dolor (no el daño físico) son los dos síntomas comunes de los desafíos emocionales. Son las consecuencias de las emociones negativas. Algunas de ellas pueden tener una justificación, mientras que otras no. Sin embargo, permitirles consumir incontrolable o abrumadoramente nuestro ser no es saludable.

Los siguientes pasos son clave para comenzar a gestionar la ira y el dolor:

1. Tomar una decisión audaz.
2. Tomar el control de la situación.
3. Hacerse cargo de las emociones.
4. Concentrarse.
5. Involucrarse con la asociación adecuada.
6. Darle un sentido a la vida.

Tomar una decisión audaz

La vida se trata de elecciones. A cada momento hay una elección que hacer: levantarse, respirar, comer, ir a trabajar, a estudiar, entre tantas otras, son decisiones. Olvídese del error común: "no tengo elección". No hay ninguna situación en la que no tenga elección. Toda situación tiene opciones. Tal vez no sean tan atractivas o deseadas; sin embargo, hay una elección que hacer. Sin opciones, no hay vida. Aun así, cada elección tiene una consecuencia.

Hay ciertos ingredientes clave que caracterizan una elección:

- Intención
- Marco temporal
- Esfuerzo

Intención

No hay elección sin una intención o propósito. ¿Cuál es su intención al hacer cierta elección? Eso determina el valor que ha decidido asignarle a su elección. Por ejemplo, usted puede elegir salir del luto interminable por un ser querido o sumergirte en la profundidad del luto, cavando más y más cada día hasta que perder el rumbo de su vida. A la inversa, puede decidir que lo pasado, pasado está. No se tiene control sobre lo que pasó. No se puede cambiar el pasado, y, por lo tanto, puede decidir salir, recordarse a uno mismo y estar listo para enfrentar el futuro, y ser consciente del presente que el momento del ahora le está regalando. Por lo tanto, su intención determina la medida del dolor que aqueja su vida.

Marco temporal

Cada elección debe hacerse dentro de cierto plazo, no solo de tiempo. El tiempo es ilimitado. Solo el "marco" que ha recortado es limitado. Para que una decisión sea considerada como tal, debe tener un marco de tiempo dentro del cual debe ser implementada. Por ejemplo, ¿cuándo quiere terminar con el divorcio? ¿Y superar la muerte de un ser querido? Puede elegir posponerlo mientras espera que el evento suceda milagrosamente por sí solo, o puede tomar una decisión audaz para superarlo ahora mismo, ¡en este momento tan presente! La vida sigue doliendo en el momento en que entrega una mala situación a la postergación.

Esfuerzo

El esfuerzo es la energía en acción impulsada hacia el logro de una determinada intención específica. La energía que no es impulsada hacia un determinado propósito no es esfuerzo, sino energía desperdiciada. Siempre que haya esfuerzo, será impulsado hacia la fuerza contraria: la inercia. Solo después de que haya suficiente fuerza para superar la inercia es cuando las cosas empiezan a pasar de ser potenciales a ser cinéticas (con energía en acción). Sí, su mundo comienza a moverse en el momento en que usted supera la inercia (la postergación, quedarse en el pasado, explorar el dolor, etc.). Lo mismo se aplica al dolor. La vida duele mientras no se haga un esfuerzo para alejarse de una situación dolorosa.

Entonces, ¿qué es una decisión audaz?

Una decisión audaz es aquella en la que los diversos elementos de su elección están totalmente optimizados. Sí, se optimiza cuando la intención es la más suprema de todas (con el mayor costo de oportunidad posible); cuando el plazo es de máxima prioridad y el esfuerzo está totalmente dedicado.

Tomar el control de la situación

Hay cosas que están bajo nuestro control y otras que no podemos controlar, como el clima. La gente con problemas de salud mental a menudo gasta mucho tiempo y energía en cosas sobre las que no tienen control. Tenga en cuenta la cantidad de tiempo que pasa pensando en cosas que no puede cambiar o que no lo ayudan. Por ejemplo, si se siente enfadado o triste por cosas que le han sucedido en el pasado, está centrándose en algo que no puede cambiar. El pasado está en el pasado, y no puede cambiarlo. La energía gastada en el pasado es energía desperdiciada.

Muchas veces pasamos una gran parte de nuestras vidas tratando de mover enormes montañas, cuando probablemente lo que requerimos es simplemente reconocer y admirar su singularidad. Solo necesitábamos dar un paso para escalarlas, ver lo que se esconde más allá de ellas y apreciar la vista panorámica de esa novedad que necesitábamos descubrir.
Usted es el mundo sin el cual no puede existir. Cambie usted mismo, y cambiará el mundo. Todo comienza con su mentalidad.

El mayor determinante de lo que puede cambiar o no es su fuerza de voluntad. Esta fuerza de voluntad es alimentada por un propulsor muy poderoso: su ACTITUD. Su actitud determina su fuerza de voluntad. Sin embargo, ambas son productos de su propia mentalidad.

¿Cuáles son las cosas que no puede cambiar?
No puede cambiar:

- **Su pasado**: El pasado sucedió y no puede ser cambiado. Lo que importa son las lecciones que aprendió. No se apegue a los sucesos del pasado, aprenda las lecciones puras para aplicarlo en el futuro.
- **Su futuro:** Su futuro aún no existe. No está seguro de que lo vivirá. Por lo tanto, está bien planearlo, pero no deje que le quite las alegrías del momento. No deje que le quite más que una parte justa de lo que el futuro se merece.
- **La percepción de la gente sobre usted**: Mientras no esté solo, siempre habrá una percepción de la gente sobre usted. No hay nada que pueda hacer para cambiar la percepción de la gente, pero puede hacer para cambiarse a usted mismo.

¿Qué es lo que sí puede cambiar?

- **Su actitud**: Su actitud lo impulsa. Es la llave de encendido de su fuerza de voluntad.
- **Su fuerza de voluntad**: Su fuerza de voluntad es la energía cinética que lo impulsa a tomar las decisiones adecuadas para cambiar. Asegúrese de que llenarse de ella.

- **Su autopercepción**: Su autopercepción es un reflejo de quien cree que es. A veces, la imagen de uno mismo puede ser verdadera o falsa. Necesita una verdadera imagen de usted mismo para descubrir su verdadero ser, propósito y aspiraciones.

Hacerse cargo de las emociones

Aparte de los daños físicos, el daño emocional es uno de los dolores más comunes en la vida. De hecho, más personas experimentan dolor emocional que dolor físico. El dolor más duradero rara vez es físico, sino emocional.

Es bastante obvio que todo el mundo ha experimentado emociones de una u otra manera, en un grado variable. Al igual que el amor, la emoción es una de esas áreas que, aunque su experiencia es fácil de contar, no existe una definición exacta universalmente acordada.

Para poder hacerse cargo de sus emociones, el paso más fundamental es comprender cuáles son, cuál es su propósito, cómo se producen y cómo se pueden aplicar inteligentemente para adaptarse a diferentes situaciones.

¿Qué es la emoción?

La emoción es un estado psicológico caracterizado por la interacción de los siguientes componentes clave: la experiencia del sujeto, la acción psicológica y la acción conductual.

Experiencia subjetiva (cómo se experimenta la emoción): Experimentar las emociones es altamente subjetivo, y depende de los antecedentes, la cultura o el entorno de cada uno. Sin embargo, las siguientes son etiquetas subjetivas comunes: "enojado", "triste", "molesto", "alegre", "feliz", etc. Son relativamente universales, aunque su intensidad varía de una persona a otra.

Respuesta fisiológica (cómo el cuerpo reacciona a la emoción): Palpitación del corazón por el miedo y sacudidas estomacales por la ansiedad son algunas de las reacciones fisiológicas. Palmas de las manos sudorosas, latidos del corazón y respiración rápida son algunas de las respuestas físicas más comunes que ocurren durante un encuentro emocional.

Respuesta de comportamiento (cómo es el comportamiento en respuesta a la emoción): Esta es la parte de la acción., la expresión real de la emoción. Las expresiones comunes incluyen la sonrisa para indicar placer, felicidad, alegría o satisfacción; el ceño fruncido para indicar desagrado o tristeza. La inteligencia emocional permite interpretar apropiadamente estas respuestas de comportamiento.

¿Cómo se producen las emociones?

Las emociones se crean o se desencadenan en el cerebro. Por lo tanto, son una función del cerebro; lo que afecta o influye en él tiene la capacidad de afectar o influir en nuestras emociones. Esto es muy importante, ya que nos ayuda a entender que podemos desarrollar y mejorar la inteligencia emocional trabajando los circuitos neuronales cerebrales y, por supuesto, la mentalidad.

Inteligencia emocional

La inteligencia emocional es la capacidad de los seres humanos de reconocer sus propias emociones y las de los demás, de diferenciar entre los distintos sentimientos y etiquetarlos adecuadamente, de aplicar las emociones para guiar el pensamiento y el comportamiento, y de gestionarlas o modificarlas para alcanzar objetivos o adaptarlas a un entorno existente.

Según Daniel Goleman, experto en inteligencia emocional, hay cinco competencias básicas de la inteligencia emocional:

- **Consciencia de uno mismo**: Es la capacidad de conocerse a uno mismo, incluyendo las emociones, debilidades, fortalezas, objetivos, valores básicos, impulso. Se reconoce también su impacto en los demás para tomar las decisiones apropiadas para lograr una intención deseada.

- **Autorregulación**: Se refiere a controlar las emociones e impulsos perturbadores y redirigirlos para adaptarlos a las circunstancias cambiantes.

- **Habilidad social**: Es un conjunto de habilidades que permite manejar las relaciones y llevar a las personas en una dirección para lograr un resultado deseado.

- **Empatía**: Es la habilidad de poner en consideración los sentimientos de otras personas y de tenerlos en cuenta como parte del proceso de toma de decisiones.

- **Motivación**: Es la capacidad de conducirse hacia el logro de ciertos objetivos.

Cómo aumentar la inteligencia emocional

Las cinco competencias nos informan de las áreas clave a mejorar para potenciar la inteligencia emocional. Asegurarse de que cada una de estas competencias clave se optimiza es la mejor manera de impulsar su inteligencia emocional.

A continuación, se presentan algunas de las formas de potenciar cada una de estas competencias básicas:

- **Aumentar la consciencia de uno mismo**: Puede impulsar la autoconsciencia a través de la meditación y de la consciencia plena.

- **Mejorar la autorregulación**: La autorregulación se trata de poder de hacerse cargo de sus emociones. Esto tiene mucho que ver con su fuerza de voluntad, así que tiene que aumentar su fuerza de voluntad también.

- **Construir habilidades sociales más fuertes**: Se pueden construir habilidades sociales más fuertes si se involucra a la asociación correcta a través de actividades sociales y esfuerzos de construcción de equipo.

- **Profundizar la empatía**: La mejor manera de profundizar la empatía es practicando la compasión, tanto la autocompasión como la compasión hacia los demás.

- **Aumentar la motivación**: La motivación se puede aumentar desafiándose a usted mismo a tomar decisiones audaces, tomando el control de una situación y concentrándose.

La importancia de la inteligencia emocional y la fuerza de voluntad en el proceso de sanación de una herida.

Tanto la inteligencia emocional como la fuerza de voluntad son una función de la mente. Hemos visto cómo las emociones son el tipo de dolor que causa el dolor más duradero. Muchas veces, estamos emocionalmente heridos no por las intenciones deliberadas de nuestros seres queridos, sino por nuestra mala interpretación y comprensión de sus expresiones emocionales y comportamientos. De hecho, la mayor y más significativa parte de los dolores emocionales se deben a nuestras propias malas interpretaciones y malentendidos. La inteligencia emocional nos ayuda a evitar estos malentendidos y malinterpretaciones, reduciendo así significativamente las fuentes de nuestros dolores emocionales. Con la inteligencia emocional, podemos disminuir las incidencias y mitigar los daños a nuestras emociones.

Con la fuerza de voluntad, podemos ser capaces de tomar decisiones valientes e informadas con respecto a lo que hemos aprendido a través de nuestra inteligencia emocional. Una decisión audaz sería, por ejemplo, salir de una relación que ya no cumple sus expectativas; podría ser una decisión audaz aceptar que su ser querido ha seguido adelante y ya no es defendible seguir esperando que cambie de opinión y sentirse incluso más herido en el proceso.

Sí, con una gran inteligencia emocional y una fuerte fuerza de voluntad, usted puede hacerse cargo de sus emociones y recorrer el largo camino de sanar su vida.

Enfocarse

La concentración es un fenómeno mental. Cuando usted está mentalmente perturbado, lleno de preocupaciones, ansiedad, estrés e incluso depresión, hay un montón de pensamientos que arrasan su mente de tal manera que no puede concentrarse en un pensamiento específico que es de importancia para sus necesidades actuales.

Por lo tanto, la mejor manera de estar enfocado es despejar la mente de estos pensamientos arrasadores. Una mente libre es una mente enfocada. Sin embargo, para tener libre la mente, no debe estar atada al pasado ni catapultada al futuro. Debe ser libre para el presente sin envolverse en el momento del ahora.

Involucrarse con las personas adecuadas

Los humanos somos seres sociales. Sin interacciones sociales, el valor de un ser humano se reduce a cero. Es por eso por lo que la mayoría de las personas solitarias tienen tantos pensamientos suicidas, e incluso algunos se comprometen con estos pensamientos. Sin otros, no se puede ser. Por lo tanto, para ser una mejor versión de usted mismo, para convertirse en todo lo que quiere ser, debe relacionarse con las personas adecuadas. La grandeza de una persona es la asociación que conlleva. Esto es evidentemente cierto en los negocios, en la profesión, en la política y en todas las facultades de la vida.

Por lo tanto, hacer la asociación correcta es experimentar las alegrías de la vida.; hacer la asociación equivocada es experimentar las heridas de la vida. ¡La elección es suya! Hágase feliz.

Existe esa clase de repulsión natural que ocurre cuando se trata de entablar amistad con una persona que no está interesada. Hacerse amigo de alguien es una selección natural tan sutil que depende mucho de su ser interior. Depende mucho más de su inteligencia emocional que de cualquier otra cosa; es, más que nada, un sentimiento visceral. Cuando intenta forzar una amistad que no existe o no debería existir, la vida inevitablemente le sienta mal. Cuando se permita experimentar la espontaneidad de la amistad tal y como surge, se sentirá vida feliz y alegre.

Sin embargo, los amigos no son solo para la interacción. Los amigos lo moldean y en el proceso usted los moldea a ellos. Por eso es fácil conocer y entender a alguien analizando a sus amigos y compañías. Así que, si quiere que se lo juzgue bien, entonces, ¡mantenga las relaciones correctas! Para llegar a ser una mejor versión, alegre, feliz, mantenga la compañía correcta y seguramente la vida no le dolerá.

Sus asociaciones se convierten en su estilo de vida. Sin asociaciones, ¡no hay estilo de vida! Por lo tanto, si hay cierto tipo de estilo de vida que usted admira o aspira a tener, busque asociarse con las personas que ya lo están viviendo. Trabaje en ello. Esta es la gran riqueza que puede adquirir. Todas las demás formas de riqueza se ajustarán en esta última instancia.

No puede forjar sus asociaciones, así como no puede forjar una amistad. Esto solo puede venir de su deseo interior; debe ser cultivado por los esfuerzos de su inteligencia emocional. Sus asociaciones son como subir unas escaleras. Tener escaleras no le garantiza llegar a la cima; solo le proporcionará el camino y el medio. Depende de usted tomar la acción de subir hasta la cima. Depende de usted esforzarse para continuar subiendo, descansar si es necesario, pero sin rendirse a mitad de camino. Todo depende de su voluntad y poder, la fuerza de voluntad.

Sus relaciones son una gran inversión; probablemente la inversión más rica que pueda tener. Como cualquier otro inversor astuto, no quiere mantener las inversiones muertas. Las inversiones que consumen más de lo que aportan no valen la pena. Revise sus relaciones, y aquellas que, como las ramas que ya no dan frutos, elimínelas para que las que dan frutos puedan ser más saludables.

Las personas negativas son como techos muy bajos que le impiden pararte. Afectan a su autoestima y autoconfianza, autovaloración y autoactualización. Son un desastre para su bienestar. Cuanto antes los aleje, mejor estará en el camino de optimizar su potencial para convertirse en todo lo que siempre ha soñado ser.

La vida duele cuando se está limitado. Las frustraciones son simplemente energía de un potencial que no se ha permitido realizar.

Si realmente quiere cambiar la forma en que se ha encontrado, entonces, busque a los que harán el cambio en sus relaciones. Sí, gente que le muestre una perspectiva diferente de la vida; gente que vea las oportunidades donde solo ve problemas; gente que esté dispuesta a tomarlo de la mano y ayudarlo a dar un gran salto sobre un obstáculo; gente que esté lista y dispuesta a moverse una milla más solo para asegurarse de que no se equivoque. ¡Esos son los creadores del cambio que necesita! La vida dejará de doler cuando abrace a esas personas.

Consejos para crear asociaciones correctas:

- Identifique **lo que** quiere de esa asociación.
- Identifique **por qué** necesita lo que quiere en esa asociación.
- Averigüe **dónde** conseguir la gente adecuada.
- Determine **cuándo reunirse con** esa gente.
- Establezca **cómo conseguir entablar un vínculo con** esa gente.

Darle un sentido a la vida

La vida es tan simple, la vida es tan básica... Sin embargo, muchos de nosotros la desperdiciamos persiguiendo destellos más allá del horizonte. ¿Tenemos tiempo para caminar descalzos sobre la hierba y sentir su efecto bajo nuestros pies? ¿Tenemos tiempo para ver las maravillas de una cascada y no pensar en nuestro trabajo, negocios, en el ayer y el mañana? El mayor de los milagros no ocurre en las grandes cosas, sino en las pequeñas cosas que pasamos por alto. Solo hay que ver a las hormigas haciendo su camino, vigilando y transportando comida a su nuevo reino. Tan ciegas como son, probablemente hacen más milagros que los que logramos en las fábricas de bramidos.

El verdadero significado de la vida no está en las grandes cosas, sino en las pequeñas cosas que tan a menudo damos por sentado. La vida duele cuando damos por sentado las cosas pequeñas, como sentarse tranquilo y respirar profundamente; jugar solo para divertirse; cuidar un pequeño jardín, ya sea en el patio o en la olla de la casa; pasar tiempo buscando ingredientes limpios, naturales y orgánicos para la comida; jugar con su adorable mascota; tener tiempo para jugar con los niños; visitar y pasar tiempo con sus padres/abuelos. Son actividades tan pequeñas que absorben el dolor de las heridas de la vida dejándolo avanzar cómodamente al destino de su vida.

¿Alguna vez ha pospuesto esa bonita estrofa de poesía que se le ocurrió simplemente por llegar a tiempo a algún lugar? ¿Alguna vez ha silenciado ese sonido de la música que había empezado a reverberar en su voz simplemente porque no era el momento "adecuado"? Bueno, esos eran los momentos de la vida real; deseaba que desaparecieran para vivirlos más tarde, en el momento "adecuado", y luego se dio cuenta de que el poema y la letra se habían ido ya al mundo de los olvidados para no volver nunca más. ¡Eso es un trozo de vida muerto para siempre!

Oportunidades como estas son abundantes y llegan espontáneamente. Llaman bastante a menudo. Se trata de lo preparado que esté para cogerlas y beber de la dulce poción que presentan. La vida duele cuando no se aprovechan tales oportunidades, simplemente porque no se estaba preparado. Lleve consigo un bolígrafo y un cuaderno. Lleve consigo una cámara. Lleve consigo una grabadora de voz. Estas son las pequeñas cosas que puede llevar sin que le pesen, pero que pueden atrapar grandes momentos. Sí, la vida duele cuando deja que las oportunidades se esfumen. ¡Aproveche el momento!

Así como mantenemos alejados nuestros poemas y música, lo mismo hacemos con nuestra vida eterna. Una vida no vivida plenamente en su momento es una vida que ha perdido su eternidad. Un poema perdido es un poema que no se cuenta. Una canción perdida es una canción no cantada. ¿De qué otra forma impactaríamos a los demás si no es a través de ese poema y de la música? ¿Cómo serían nuestros seres queridos si hubieran escuchado nuestro poema y bailado con nuestra música? ¿Qué inspiración duradera les habría legado a sus seres queridos si hubieran escuchado su poema y bailado con su música?

Una vida eterna es aquella que continúa impactando a sus seres queridos y a otros durante años y años después de que se haya ido. Una vida eterna no depende de cuánto tiempo se viva, sino de cuánto se transforme para impactar positivamente con un legado duradero generación tras generación.

Una vida eterna es aquella que se vive plenamente en el momento presente. Es una que deja un legado libre de dolor y los salva de sus propias heridas.

El hecho de que su nacimiento requirió un esfuerzo de muchas personas y su educación un esfuerzo de una multitud aún más grande, simplemente significa que le debe su vida no solo a usted, sino a muchos otros, que se han ido, viven o están por venir. Viva su vida para que otros puedan vivir fácilmente. Siembre un camino para facilitarle el viaje a otros, porque usted ya lo ha creado. Esa es la esencia de la eternidad.

LIDIAR CON EL ESTRÉS Y LA PREOCUPACIÓN

El objetivo más importante de la práctica de la consciencia plena es lograr el bienestar mental y psicológico. Sin embargo, el estrés y la preocupación son característicos de la falta de estos.

La meditación es la herramienta más poderosa para lidiar con el estrés y las preocupaciones.

La meditación de la consciencia plena es genial para su:

- Bienestar mental.

- Bienestar psicológico.

Meditación con consciencia para su bienestar mental

La consciencia plena para su bienestar mental aumentará:

- Su capacidad de atención.

- Su poder cerebral.

La meditación de la consciencia plena despeja la mente de distracciones innecesarias

Su mente es un generador de pulsos aleatorios. Cada pulso es un pensamiento que sale y requiere atención. No puede detener este generador de pulso. Sin embargo, a través de la meditación, puede enfocar su atención lejos de sus pensamientos arrasadores. Esto permite que el poder de la mente se ocupe de lo que está dentro de su control: los acontecimientos del ahora.

La meditación de la consciencia plena para aumentar el poder del cerebro

Los físicos siempre dicen que el poder es la energía en acción; y el poder del cerebro no es una excepción. Para aumentar la potencia, como en los rayos de luz o la corriente eléctrica, necesita ser concentrada y enfocada hacia una dirección determinada. Esto funciona de la misma manera con el poder cerebral.

La meditación de consciencia plena o *mindfulness* ayuda a incrementar el poder del cerebro concentrando y enfocando su energía mental hacia un fin particular, ya sea experimentando su ser interior, estudiando, trabajando o de otra manera. Este poder cerebral, cuando se practica durante mucho tiempo, crece y es más duradero, mucho más allá del tiempo de meditación. Por lo tanto, este poder cerebral está disponible para ser utilizado para otras funciones.

Meditación a consciencia para su bienestar psicológico

La meditación de la consciencia plena es, en gran parte, un esfuerzo psicológico que tiene efectos en otras facultades de su bienestar.

El objetivo de la meditación de la consciencia plena para su bienestar psicológico es:

- Reajustar la mentalidad.

- Generar una actitud positive.

- Superar los malos hábitos.

- Reducir el estrés.

La consciencia plena para reajustar su mentalidad

La mentalidad es un conjunto de creencias, suposiciones y pensamientos que conforman la actitud, los hábitos, la inclinación o la disposición mental de una persona y que predeterminan sus percepciones y respuestas a situaciones, circunstancias y acontecimientos.

La mayoría de las veces nuestra mente está configurada de tal manera que nuestro proceso de pensamiento sigue ciertos patrones predefinidos, comúnmente conocidos como mapas mentales. Estos mapas mentales son creados por la tradición, la escuela y las experiencias que pertenecen del pasado, y suelen tener muy poco o nada que ver con el momento actual.

Así, para experimentar verdaderamente el presente, es decir, el momento de ahora, tiene que reajustar su mentalidad. El restablecimiento de la mentalidad es, en esencia, eliminar o más bien borrar esos patrones de pensamiento que provocan juicios basados en las normas del pasado.

¿Por qué es tan importante la mentalidad?

La mentalidad es sumamente importante porque es el punto de referencia al que se perciben y responden los acontecimientos, las circunstancias y la situación. La forma en que usted percibe las cosas depende de su mentalidad. Por eso muchos expertos dicen que usted "ve las cosas como usted es" y no necesariamente como son las cosas en sí mismas. Este "yo soy" es su forma de pensar.

La mente es el terreno fértil en el que crece la semilla de la imaginación. La salud y la grandeza de su imaginación dependen únicamente de su mentalidad. Una mentalidad defectuosa definitivamente producirá una imaginación defectuosa. Una mentalidad fija producirá una imaginación fija. Y, por lo tanto, una mentalidad de transformación (crecimiento) producirá una imaginación de transformación.

La consciencia para generar una actitud positiva

Comúnmente se dice que la actitud es impulso; eso es cierto. Su actitud determina su perspectiva en la vida, qué hacer y cómo hacerlo; también determina sus experiencias. Esto se debe a que su experiencia no es realmente lo que le sucedió, sino cómo respondió a ella. Esta respuesta, a menos que sea un reflejo, depende en gran medida de su pasado: su tradición, sus lecciones aprendidas y experiencias de situaciones similares, ya sea como le sucedió a usted o a otros y vio cómo respondieron.

La consciencia plena para superar los malos hábitos

Un hábito es un patrón de comportamiento recurrente (en su mayoría inconsciente) que se logra a través de la repetición frecuente.

La consciencia plena para reducir el estrés

El mayor contribuyente al estrés es la mentalidad, la actitud y los hábitos. Los arrepentimientos sobre el pasado y las preocupaciones sobre el futuro son algunas de las cosas que provocan estrés. La meditación de consciencia plena, a la vez que lo ayuda a centrarse en el presente, desvía su atención del pasado y del futuro, evitando así estos dos desencadenantes clave del estrés.

PROMOVER LA COMPASIÓN Y LA PAZ

La compasión puede ser simplemente declarada como un amor apasionado por la humanidad. La compasión es un sentimiento que surge cuando uno se enfrenta al sufrimiento de otro que lo empuja a tener una compulsión, fuerza o deseo interior de aliviar ese sufrimiento.

Los estudios han indicado que la compasión es una necesidad para la supervivencia de la especie humana.

Los beneficios de la compasión son muchos e inmensos. Los siguientes son solo algunos:

- La compasión nos hace sentir bien. Los estudios han descubierto que un acto de compasión desencadena la parte de "sentirse bien" de nuestro circuito cerebral responsable del placer y la recompensa, conduciendo así a la felicidad.

- Ser compasivo aumenta los efectos positivos del nervio vago, ayudando así a disminuir el ritmo cardíaco que, a largo plazo, reduce el riesgo de enfermedades cardíacas.

- La compasión reduce las hormonas del estrés en el sistema sanguíneo y en la saliva, lo que refuerza el sistema inmunológico y aumenta la resistencia al estrés.

- La compasión reduce la preocupación por el pasado y la ansiedad por el futuro, ayudando así a prevenir los riesgos de trastornos mentales.

- La compasión desencadena las neuronas en el cerebro que son responsables de la crianza de los padres, ayudando así a desarrollar y potenciar los atributos de cuidado, que son importantes en el desarrollo personal y el liderazgo.
- La compasión impulsa las relaciones, al generar optimismo y una comunicación de apoyo entre las partes.
- La compasión ayuda a construir fuertes lazos y amistades duraderas. Los estudios han demostrado que, cuando las personas se fijan una meta para apoyarse mutuamente de manera compasiva, experimentan una mayor satisfacción y crecimiento en sus esfuerzos comunes.
- La compasión ayuda a convertirnos en personas menos vengativas, celosas y egoístas.
- La compasión ayuda a fortalecer los principios morales, y eso contribuye a construir un equipo, grupo o sociedad cohesiva.
- Se ha demostrado que la compasión en el trabajo impulsa la productividad, reduce la rotación de empleados y maximiza la recompensa para todas las partes interesadas.
- Se ha demostrado también que las sociedades más compasivas tienen menos indigencia, menores tasas de delincuencia y, en general, más felicidad.

- La compasión hace que las personas sean socialmente más adeptas, menos vulnerables a la soledad, la ira y la depresión. Esto, a su vez, reduce el estrés, que causa daño al sistema inmunológico, lo que conduce a una vida más saludable, larga y feliz.

Los siguientes son algunos de los consejos que pueden ayudarle a construir y aumentar su compasión:

- Ver lo bueno en los demás: Todo el mundo tiene un lado positivo en la vida. Enfocarse demasiado en lo negativo aplaca el espíritu de compasión.

- Concentrarse en las similitudes en lugar de las diferencias: Todos somos diferentes. Esta es la esencia de la diversidad. Sin embargo, centrarse en lo que nos diferencia de lo que nos une disminuye la compasión.

- Calmar sus preocupaciones internas: No se puede ser compasivo si se está abrumado por las preocupaciones internas, la ansiedad y los arrepentimientos. La mejor manera de calmar las preocupaciones internas es a través de la consciencia plena y la meditación.

- Fomentar la cooperación en lugar de la competencia: La competencia despierta el instinto animal que intentará anular o incluso pisotear a los demás para lograr el éxito. Esto aplaca el deseo de compasión. Cuando cooperamos, vemos la importancia de los demás en nuestro esfuerzo conjunto y el deseo de ayudarlos para que todos tengamos éxito.

- Ver a las personas como seres en lugar de objetos: Cuando nos centramos tanto en el producto en lugar de en las personas que lo producen, terminamos viendo a las personas como objetos de producción en lugar de seres humanos con sentidos, sentimientos y emociones. Esto lo convierte en un ser menos compasivo.

- Evitar entrar en el juego de la culpa: No todos somos afortunados. Algunos son menos afortunados. Culpar a la gente por sus desgracias en lugar de ayudarlos a superarlas o aliviar las consecuencias le roba su capacidad de compasión.

- Ayudar a disminuir la desigualdad: La desigualdad se produce cuando algunos sienten que tienen derecho a un estatus más alto que el resto.

- Aprender a apreciar y disfrutar sus momentos de compasión: La mejor manera de reforzar su compasión es ver el bien que le ha hecho a los demás y apreciar el beneficio que han recibido en lugar de como han respondido a la compasión entregada. De esta manera, no se arrepentirá cuando algunos se comporten con ingratitud.

- Evita absorber el problema al ser compasivo: Es fácil absorber el problema del otro en actos de compasión. Ayude a los demás tanto como pueda, pero no más de lo que pueda, ya que puede agotar su energía, conducir a la fatiga y a más problemas de salud, reduciendo así su calidad de vida solo por la compasión hacia otros.

- Cultivar la compasión en los demás: Enséñeles a sus hijos, a su familia, a sus amigos y a su comunidad sobre la compasión. Esta es la mejor manera de difundir la bondad y de bajar la carga al ejercer la compasión.

Practicar la autocompasión

La autocompasión es ser lo suficientemente considerado como para entender que su mundo fluye desde el interior hacia el exterior. Lo que sale refleja lo que está dentro. La autocompasión no es egoísmo o negar a otros la compasión, sino darse cuenta de que, en última instancia, como ese vehículo que transporta a otros, usted tiene que estar bien internamente, así como si fuera el motor de un coche para hacer el viaje más seguro, agradable y alcanzable. Por lo tanto, la autocompasión es un tipo de compasión inversa.

Practicar la autocompasión es enamorarse de su ser. Es saber que, sin el amor propio puesto en práctica con acciones para aliviar sus propios desafíos y sufrimientos, no podrá lograr lo mismo para los demás. Tiene que empezar desde dentro, atender su propia herida con amor y entender sus fuentes y su final. Tiene que curar sus propias heridas. Solo entonces, será capaz de hacer lo mismo con los demás. Tener amor propio acompañado de fe en su ser es el verdadero bálsamo curativo cuando la vida duele.

El amor es el combustible que impulsa la compasión. Sin amor, la compasión no puede existir. Ser compasivo es expresar el amor en hechos. No hay manera de que pueda amar a los demás sin amarte a si mismo primero. Todo lo demás será fingido. El amor irradia desde el interior hacia el exterior. Sin que esté dentro, no puede estar fuera.

Cuando se trata de amor y compasión, solo puede recibir tanto como entregue. Por lo tanto, si tiene que amarse a usted mismo, tiene que amar a los demás con cariño, porque es en el amor a los demás donde se es capaz de amarse a uno mismo, y no al revés. Por lo tanto, la autocompasión debe, para su propia supervivencia, externalizarse en la compasión por los demás. De allí es de donde sacará su fuerza muscular y su aptitud.

La autocompasión, la ira, el remordimiento, la amargura son todas las heridas de la vida sintomáticas de dolor por algo ocurrido en el pasado. Son signos de falta de felicidad. No es que no se pueda ser feliz sintiendo dolor, pero el dolor no debe degenerar en autocompasión, ira, remordimiento y amargura. Usted debe ser dueño de su dolor. Poseerlo es aceptar que lo que sucedió es irreversible y que tuvo sus propias consecuencias, las cuales está experimentando en este momento. Tiene que desprenderse de esa sensibilidad y experimentar el dolor como lo que realmente es: un grito de sanación. Concéntrese en sanarse.

Sea bueno consigo mismo

A veces, la vida es dura. La aceptación del dolor sin reaccionar a él aumenta la inteligencia emocional. Dese una caricia por 10 minutos al día con una palabra suave, una mano en el corazón, y un nivel de comprensión del dolor que está pasando. Usted es humano, y como humano, experimentará dolor y sufrimiento. Si trata de evitar esta experiencia emocional a través de comportamientos de evasión, como las drogas o el alcohol, sufrirá aún más.

Cómo impactar en la vida de las personas por muchos años después de habernos ido

Impactar eternamente a la gente nunca es una aventura fácil. Implica mucho. Los siguientes pasos nos ayudarán a impactar en la vida de las personas durante muchos años después de habernos ido:

1. **Explorar a las personas**: Al explorar a la gente, tomamos una decisión activa para conocerlas. Esto implica explorar la cultura, el estilo de vida, la mentalidad, los hábitos, las actitudes y similares.

2. **Aprender sobre ellas:** Al aprender sobre la gente, se evalúa el resultado de la exploración, y se hace un análisis más profundo de resultado del y se sacan conclusiones.

3. **Entenderlas**: Entender a la gente es comprender las lecciones aprendidas al aprender sobre ellos.

4. **Aceptarlas**: Al aceptar a la gente, se la quiere como es (basado en la comprensión) sin repartir juicios, opiniones, sesgos y prejuicios.

5. **Apreciarlas:** Apreciar a las personas es aceptarlas y saber que en ellas yace un bien superior para la humanidad.

6. **Educarlas:** Entender, aceptar y apreciar a la gente no se trata de rendirse a su estado de ser. Se trata de llegar su mejor versión. Una vez allí, se busca, a través de la educación, ayudarlos a avanzar para el bien de la

humanidad. Hay un proverbio chino que dice: "*Si quiere planificar una temporada, plante arroz; si quiere planificar una década, plante árboles; si planifica para toda la vida, eduque a la gente*".

7. **Alzarlas:** Una vez que se educa a la gente, se iluminan. Aumentan la autoconsciencia y consciencia del medio ambiente y de su papel; comprenden más sobre la naturaleza de los seres y la naturaleza de las cosas. Elevarlos es darles los recursos necesarios para que puedan alcanzar un nivel más alto de su mejor versión.

8. **Inspirarlas:** Una vez que ayudamos a las personas a elevarse, necesitan ser autopropulsadas para continuar subiendo la escalera de la grandeza. Necesitan extraer esa energía interna inherente a ellos para lograrlo. La falta de motivación o de fuerza de voluntad puede impedir que lo logren. Inspirarlas es encender esta fuerza de voluntad en ellos para atraer esa energía inherente para que puedan motivarse a sí mismos a llegar a pedestales más altos.

SEIS HÁBITOS QUE CULTIVAR

La consciencia se logra a través de los hábitos. Los siguientes hábitos son clave y debe cultivarlos si quiere aumentar su consciencia plena:

1. Hábitos de aprendizaje.
2. Hábitos sociales y de comunicación.
3. Hábitos espirituales.
4. Hábitos de cuidado personal.
5. Hábitos de alimentación y de ejercicio físico.
6. Hábitos de descanso y relajación.

Hábitos de aprendizaje

Como Mahatma Gandhi dijo una vez: *"Viva como si fuera a morir mañana y aprenda como si fuera a vivir para siempre"*, el aprendizaje es eterno. Esto también se enfatiza en las enseñanzas de Buda, cuando afirma que el aprendizaje es la mayor fuente de iluminación y que es la única forma posible de superar el sufrimiento. Al rey Salomón del Antiguo Testamento se le atribuye el haber pedido a Dios nada más que sabiduría. La sabiduría es la inteligencia obtenida a través de la experiencia de aprendizaje.

El aprendizaje es el proceso de reunir conocimientos. Se puede lograr de muchas maneras, incluyendo, observando, mirando, escuchando, leyendo, explorando, entre otras. Leer, escuchar y experimentar son algunas de las mejores formas de aprender.

Para mejorar los hábitos de aprendizaje:

- Escuche con atención antes de responder.
- Ábrase a nuevas experiencias.

Hábitos sociales y de comunicación

Los humanos son seres sociales. Sin socializar, luchamos por vivir. Sin embargo, la mayor víctima de nuestra modernidad es la socialización. La tecnología de la conveniencia ha sustituido la mayoría de nuestras interacciones físicas por interacciones electrónicas. Encontramos amigos en Facebook y otras redes sociales. Chateamos a través de WhatsApp, Skype, Hangouts, Twitter y otras redes. Vamos a la escuela a través de E-learning y trabajamos desde casa. Las vías para las interacciones sociales se están reduciendo activamente y aumenta la disminución de la importancia de los hábitos sociales y de comunicación en nuestra carrera académica y profesional.

Sin embargo, el número de personas que piden a gritos relaciones genuinas y duraderas sigue aumentando. Las amistades que solían ser naturales se están volviendo raras. Los males sociales como el suicidio, el terrorismo y otros están en aumento. Esto es simplemente porque nuestros hábitos sociales están en su lecho de muerte. Aunque los estudios continúan afirmando que hay varias formas de inteligencia y hay un mayor reconocimiento de la inteligencia social y emocional como la competencia principal de un ser humano bien formado, hay poco esfuerzo para revigorizar la importancia de los hábitos sociales.

En caso de que no le hayan enseñado estos hábitos sociales, los recapitulamos aquí. Estos son solo unos pocos hábitos relacionados con los compromisos sociales y de relaciones cotidianas: saludos y comunicación.

Para mejorar los hábitos sociales y de comunicación

- Siempre de la mano cálidamente con una sonrisa.
- Sea cortés cuando se dirija a la gente.

Hábitos espirituales

Algunos argumentan que somos seres físicos con un dominio espiritual, mientras que otros afirman que somos seres espirituales con un dominio físico. En cualquier caso, el papel de la espiritualidad en nosotros no puede ser pasado por alto. Sin embargo, hay muchas definiciones e interpretaciones de lo que significa ser espiritual o la espiritualidad. Podemos simplemente mirar a un espíritu como esa parte de nuestro ser invisible que trasciende el mundo físico. La espiritualidad es estar por encima de uno mismo y de sus limitaciones.

Hay muchos hábitos que ayudan a fortalecer la espiritualidad y ayudan a vivir una vida feliz y satisfactoria. Los siguientes son solo algunos:

- Diga lo que piensa.
- Rece y/o medite frecuentemente.
- Dese mucho tiempo.
- No se altere por cosas que no importarán mañana.

Hábitos de cuidado personal

La higiene está al lado de la piedad. La higiene no es solo la limpieza externa del cuerpo,; también se trata de la limpieza interna de su cuerpo, mente y alma. Su perspectiva es el espejo perfecto de su limpieza. Siempre busque sentirse bien con su perspectiva.

Hábitos de alimentación y de ejercicio

Hábitos alimenticios

No hay nada más sagrado que una buena alimentación. Su cuerpo y su bienestar dependen de su alimentación. Estudios afirman que más del 70% de las enfermedades están directa o indirectamente relacionadas con la alimentación. La alimentación es la fuente de su energía, vitalidad y longevidad. La alimentación es lo que lo hace vivir y estar vivo ahora mismo. No es de extrañar que en la historia bíblica de la creación que al primer hombre y la primera mujer se le hayan otorgado abundancia de alimentos para recogerlos y alimentarse. Aún en la Tierra Prometida, la leche y la miel eran la promesa emblemática. Si hay algo más sagrado que cualquier otra cosa, eso es su alimentación. Préstele atención tan religiosamente como a cualquier otra cosa y tómela como algo sagrado, porque su salud y bienestar depende de ella; es su mundo. ¡No viva de manera fraudulenta!

Tener una buena alimentación no se trata solo de alimentarse; es hacer un esfuerzo a largo plazo, deliberado y sostenido por nutrir su cuerpo con los elementos esenciales clave para vivir una vida sana y feliz. ¡Los hábitos alimenticios cuentan! Son los elementos religiosos invisibles de su menú. Observe los siguientes 9 hábitos de una buena alimentación y lo hará exitosamente.

- Beber suficiente agua.

- Tomar un multivitamínico.

- Llevar un diario de comidas que incluya no solo lo que comió, sino también por qué y cómo se sintió después.

- Tener a mano frutas y verduras entre comidas.

- Cocinar con un nuevo ingrediente cada semana.

- Hacer una lista de alimentos no saludables que no le gusten y darse permiso para no comerlos.

- Limitar las bebidas alcohólicas a los momentos en que realmente las disfrute.

- Eliminar el azúcar malo.

- Dejar las gaseosas y los edulcorantes artificiales.
- Caminar 10.000 pasos al día.
- Estirar todos los días.
- Moverse cada una hora.

Hábitos de descanso y relajación

El descanso es uno de los momentos más importantes para el cuerpo. Desafortunadamente, es uno de esos momentos a los que apenas se le asigna tiempo. Mucha gente solo cuenta el descanso como el sueño a la hora de dormir forzados por la naturaleza o la falta de oportunidades de trabajo nocturno. Lo ideal es que su cuerpo descanse por lo menos 3/5 de su día de 24 horas incluyendo 8 horas de sueño de calidad sin interrupciones. Planificar el descanso y disfrutar de un buen sueño son los elementos clave de unos buenos hábitos de descanso y relajación.

- Planifique su descanso y relajación como lo haría con sus otras actividades importantes.
- Duerma lo suficiente.

Con estos 6 hábitos clave, estará en camino de asegurarse una consciencia plena sostenible a largo plazo.

CONCLUSIÓN

Gracias por adquirir y leer este libro.

Este libro lo introduce en la consciencia plena. Además, le muestra que puede practicar la consciencia plena para recuperar la concentración, gestionar la ira y el dolor, manejar el estrés y la preocupación y, en última instancia, promover la compasión y la paz. También ha recibido información sobre seis poderosos hábitos que necesita cultivar para practicar con éxito la consciencia plena en su día a día.

Espero sinceramente que haya podido aprender lo que es la consciencia plena y, lo que es más importante, que se haya embarcado en su práctica. También es mi sincero deseo que pueda compartir con otros este pequeño libro de conocimiento sobre la consciencia plena para que ellos también se beneficien de ella.

De nuevo, gracias por adquirir y leer este libro.

Buena suerte.

www.ingramcontent.com/pod-product-compliance
Lightning Source LLC
Chambersburg PA
CBHW060042230426
43661CB00004B/625